상황별 교육경영 리더십

상황별 교육경영 리더십

발행일   2021년 4월 30일

지은이   김일남
펴낸이   손형국
펴낸곳   (주)북랩
편집인   선일영   편집   정두철, 윤성아, 배진용, 김현아, 박준
디자인   이현수, 김민하, 한수희, 김윤주, 허지혜   제작   박기성, 황동현, 구성우, 권태련
마케팅   김회란, 박진관
출판등록   2004. 12. 1(제2012-000051호)
주소   서울특별시 금천구 가산디지털 1로 168, 우림라이온스밸리 B동 B113~114호, C동 B101호
홈페이지   www.book.co.kr
전화번호   (02)2026-5777   팩스   (02)2026-5747

ISBN   979-11-6539-717-3 03370 (종이책)   979-11-6539-718-0 05370 (전자책)

LEADERSHIP

상황별 교육경영 리더십

학교를 바꾸는 23가지 리더십

김일남 지음

교육이 세상을 바꿔 더 나은 미래를 만들고 공교육을 되살리기 위해서는,
시대의 흐름에 맞는 교육경영 리더십을 갖춰야 한다.
37년간 교육 현장에 몸담았던 김일남 박사가 23가지 상황별 리더십을 공개한다!

북랩 book Lab

교육경영 리더가 변해야 교육이 변한다

동물심리학자 머치슨*Murchison*은 동물 세계에서는 물리적 힘에 의하여 서열이 결정되어 힘센 닭이 먹이를 먼저 먹어야 다음 것이 먹는다는 '먹는 순서'를 발견하였으며, 위태르*Weitere*도 한 닭장 우리에서도 대장 격인 한 마리의 닭을 우두머리로 하여 일정한 지배와 피지배의 서열이 있음을 밝혔다. 또한 침팬지의 세상에서도 힘에 의한 서열이 결정되기 전에는 싸움이 그치지 않았으나 한번 서열이 결정되면 질서가 유지되고, 최강자는 우두머리다운 관용적 태도를 보이며, 그 무리에 대한 소임을 다하고 있다고 동물심리학자들은 말하고 있다.

이와 같이 사람도 생물적 개체에 불과하지만 사회를 떠나 생존할 수 없고, 인간성은 사회생활 속에서 형성되어 나가는 것이다. 사회생활은 사람으로 하여금 사회적으로 상호협조 내지는 상호작용을 해

나가는, 즉 심리학적으로는 상호 의존과 타인에 대한 우월감 등 사회적 욕구를 만족시켜 나가는데, 이의 충족을 위해 나타난 집단 유지 현상의 하나가 바로 지휘와 피지배 관계로 말미암아 리더가 자연스럽게 생겨나는 것이다.

일찍이 공자도 "세 사람이 행동하게 되면 거기에는 반드시 나의 스승이 있다. 세 사람 중 좋은 사람을 택하여 그에 따르는 것이며, 좋지 않은 사람의 행동을 보고 나를 고쳐야 한다三人行必有我師焉, 擇其善者而從之 其不善者而改之."라고 한 것을 보아도 리더십 현상은 인간생활에서 자연적으로 생겨난 것을 말하여 주고 있는 것이다.

그렇다. 실제생활에 있어서도 개인생활보다 집단생활이 중요하게 여겨지는 오늘날 리더에 대한 관심이나 파악은 더욱 중요시되어 유능한 리더를 선택하고 그 리더를 추종하는 일은 새삼스럽지 않다.

교육조직도 다를 바 없다. 유능한 교육경영 리더가 이끈 집단은 가치 있는 교육 생산성을 높일 수 있음은 자명한 일이다. 이 같은 교육경영은 국민이 누려야 할 교육권을 보장하는 교육의 조직적인 관리적 운영이다. 한편 교육경영의 가장 핵심적인 주체는 학교의 전반적인 활동을 지원·조정함으로써 학교교육을 통할하는 학교장과 학교장을 보좌하여 교사의 직무를 효과적으로 수행할 수 있도록 하는 교감과 학급관리의 주체인 학급담임 및 교과 수업을 담당하는 교사일 것이다.

학교의 경영은 학교장 한 사람의 노력만으로 되는 것이 아니며, 교감, 부장교사, 학급담임교사, 교과담임교사, 행정실 직원, 학교운영위원, 지역사회의 교육유관 인사, 학부모, 졸업생 등 학교와 관계있는 많은 사람이 모두 경영에 참가하여 협동적인 조직으로서 기능을 발휘하도록 하고 있다.

그럼에도 전통적인 학교경영은 학교장이 전담하는 것으로 생각하는 경향이 있다. 그러나 오늘날 학교의 경영은 모든 교직원이 경영체계의 구성원으로서, 학교교육 목표를 달성하고자 경영에 참가하여 협동적으로 상호작용하면서 교육의 문제를 발견하고 해결하는 데 노력을 기울이고 있다. 그런데 학교경영은 학교 교육에서 그 구성원 모두가 함께 새로운 경영감각으로 학교경영을 선도하고 바람직한 사고의 변화를 모색하고 자기 혁신을 위한 학교경영자의 역할과 책임이라는 관점에서 교육 리더십이 요구된다.

따라서 이 책에서는 다음과 같은 네 가지 관점에서 교육경영의 산실로 학교경영을 리드하는 리더의 유형별 리더십을 밝히는 데 주안점을 두었다.

첫째, 조직의 목표를 명백히 하고 구성원이 그 목표를 이해하는 과정을 거쳐 경영에 이르게 된다. 때문에 조직의 목표를 지역사회와 학교규모에 알맞게 설정하고 조직환경의 변화에 대처하는 리더십이다.
둘째, 필요에 따라 인적, 물적 자원을 획득하여, 확정된 목표에 알맞게 그것을 배정하는 리더십이다.

셋째, 인적, 물적 자원을 효과적이며 효율적으로 조직 편성하여 개인이나 조직의 목표에 도달할 수 있도록 구성원에게 동기부여를 하여 생산적이며 만족스럽게 일하도록 조직 관리를 하는 리더십이다.

넷째, 조직의 목표를 확인하고 활동을 계획하며, 이에 적합한 자원을 획득하여 배정하고, 조직 구조를 개발하여 계획에 따라 활동을 전개한다. 그리고 그 성과를 평가하여 효과적인 활동을 지속하고, 부적절한 것은 환류 과정을 통해 개선해 나가는 리더십이다.

위에서 밝힌 교육 리더십을 발휘해야 할 네 가지 주안점을 이끌어야 할 리더의 자질은 어떠해야 할까?

리더의 어원은 '여행하다'에서 찾을 수 있다. 여행에서의 안내자가 리더인 것이다. 리더십은 긴 여정과 같다. 이 책은 길고 긴 여정에서 나는 어떤 리더인지 생각해 볼 시간을 주고, 최고의 리더로서 어떤 리더십 유형을 보여주어야 하는지를 일러주고 리더가 실제 리드하는 길잡이 역할을 해 줄 것이다.

존 맥스웰이 말하기를, 훌륭한 리더는 물론 잠재적인 리더로 하여금 색깔이 있는 리더로 자리매김하기 위한 길은 다음과 같은 공통적인 특징을 보여준다고 주장한다.

변화에 신속하게 대처하는 적응성, 당면한 과제를 신속하게 파악하는 인식력, 유리한 관점에서만 상황을 분석하지 않는 균형 잡힌 시각, 조직의 모든 차원과 긴밀한 관계를 갖는 의사소통력, 지위를 앞세우지 않는 자신감이다. 더불어 맡겨진 일은 무엇이나 수행하는 서번트 정신, 창의적인 방법을 찾아 일하는 업무수행력, 자기보다 팀을 앞세우는 성숙함, 장시간 지루한 일을 해도 일관된 성품과 역량을 유지하는 인내력, 중요한 일을 믿고 맡길 수 있는 신뢰성이다.

그리고 그는 결코 '혼자 산을 오르지 않는다'라는 기본자세를 갖추어야 한다고 했다.

팀 전체가 정상까지 올라가도록 돕는 것이 리더의 역할이라고 강조한다. 리더가 함께 올라가자고 초대한 사람들 중에는 리더를 능가해 더 높은 곳까지 올라가는 사람들도 있다. 그렇다고 리더가 기분 나쁠 이유는 조금도 없다. 리더가 언제라도 그들에게 손을 내밀어 끌어올릴 수 있다는 걸 안다면, 그것만으로도 리더는 보람을 느끼기 때문이다. 그런 과정에서 리더와 함께한 사람들은 리더의 수준까지 다다른다. 얼마나 감사한 일인가! 만일 당신이 리더인데 외롭다면 뭔가를 잘못하고 있다는 증거이다. 리더의 위치에서 외로움은 선택 사항이다. 리더는 조직원들과 삶의 여정을 함께하는 길을 택한다.

그러려면 리더는 소속구성원의 창의적이고 주도적인 의욕과 활동을 지원하는 방향으로 리더십의 패러다임을 바꾸어야 한다. 그리고 바꾸어야 할 또 다른 리더의 역할은 지난 과거의 물질적이고 외재적인 동기유발에서 이제는 영적이고 내적인 동기유발이 무엇보다도 중요하다.

이 책에서도 다를 바 없다. 보편적으로 널리 통용되고 있는 23가지 리더십 유형의 특성을 밝히고 유형별 리더십을 보인 인물에 대한 리더십 사례를 고찰하여 예시하였다. 이어 리더가 집단의 구성원으로 하여금 집단목표 수행에 열의와 자신감을 가지고 자기의 직책을 자진 수행하려는 의욕을 북돋게 하고 리더십 효과를 높이는 방책을 밝혔다. 그리고 집단 구성원이 리더에게 신뢰감을 갖게 하고, 리더는 조직 구성원에게 동기를 부여하고 구성원의 자율 및 자주성을 존중하며 사기를 앙양시켜 집단에의 참여 의욕을 밝히는 방책도 밝혔다.

한편 이 책을 접하는 독자는 교육이 이루어지고 있는 교육장敎育場의 상황이 리더를 만든다는 점에 유의하여 교육경영의 상황에 적합한 리더십 유형을 적절히 행사하면 더 좋은 교육경영의 결실을 맺는다는 믿음을 갖는 일이다.

더불어 어려운 사정에도 본 책의 발간을 쾌히 승낙해 주신 북랩 대표 손형국 님께 감사드리며, 바쁘신 가운데 원고를 꼼꼼히 살펴주신 편집자 선생님과 직원 여러분께도 감사드린다.

2021. 3.
김일남 드림

교육경영에서 왜 리더십인가?

교육경영은 교육 내용이나 방법을 조직적으로 관리하여, 교육의 효과를 높일 수 있는 기능들의 통합적인 작용이므로, 교육의 문제는 실천적 교육이 이루어지는 일선 학교경영의 혁신 없이는 풀리지 않을 것이다. 학교경영의 혁신적인 발전을 꾀하려는 일련의 사고는 어떤 안목에서 접근해야 할까? 모든 교직원은 사회가 요청하는 교육의 성과를 거양하기 위하여 사회가 무엇을 학교에 기대하고 있는가를 이해하고, 그 기대에 부응하는 방법을 발견하는 노력을 기울이는 데 조금이라도 도움이 되었으면 하는 입장일 것이다. 그렇기에 학교는 학생이나 학부형의 교육적 필요에 만족할 만한 대답을 명백히 하여야 한다. 그 대답은 학교장과 교감, 교사가 교육활동을 통하여 이루어진다.

만약에 학교가 학생이나 학부형의 교육적 필요에 만족할 만한 대답을 못한다면, 학교경영의 문제는 그것이 양적인 단순한 집합이 아니라 복합되어 있는 구조적인 전체성을 띤 집합체로서 접근해야 한다. 때문에 학교가 통합적 경영체로서 정상기능을 발휘하여 학교경영 활동이 목표지향적으로 전개되도록 수행하는 학교장의 리더십과 학교장을 보좌하여 인적관리를 효율적으로 지원하는 교감의 리더십, 학급관리 및 수업의 주체인 교사의 리더십이 무엇보다 필요하다.

결국 교육경영의 성패는 학교경영에 달려 있기에, 학교교육의 정점에 있는 학교장은 물론 학교장을 보좌하는 교감, 실제적인 학교교육의 실천 마당인 학급담임 선생님과 교과담임 선생님의 리더십이 요구되고 있다.

교육경영의 상황에 따른 리더십 유형

교육경영은 학교교육, 학교경영, 학교관리, 교육행정, 교육관리 등을 속성으로 하며, 이 같은 분류의 여러 교육개념을 총합하는 통합개념이다. 교육경영은 교육의 최고 정점에 위치한 교육부와 그 아래로는 시·도교육청, 그리고 시·도교육청의 직속 기관과 교육지원청에서 이루어지는데, 이곳의 리드인 교육부장관과 교육감, 원장, 교육장이 각각의 직함을 갖고 리더십을 펼치고 있다.

그러나 이 책에서는 학교경영의 정점에 있는 학교장과 학교장을 보좌하는 교감, 학교라는 단위 조직을 이루고 있는 학급을 관리하는 담임 선생님과 교과 담임을 리더의 대상으로 하여 리더십을 밝혔다. 왜냐하면 교육의 실천은 학교장을 정점으로 학교에서 이루어지고 학급에서 실제의 교육이 꽃피고 있기 때문이다. 다만 이 책에서 밝힌 23가지 리더십 유형이 학교장과 교감, 학급담임 선생님, 교과담임 선생님에게 적용되는 상황을 중시했지만, 광범하게 여러 계층의 교육기관을 리드하는 리더가 교육이 이루어지고 있는 상황에 따라 최적한 리더십 유형을 선택하여 접근해도 유익할 것이다. 때문에 이 책을 『상황별 교육경영 리더십』이라고 명명한 연유가 여기에 있다.

이 책에서 23가지 교육경영 리더십 유형을 논했지만, 리더십 유형 중 어느 한 가지 유형을 지속적으로 수행하는 절대적 논의를 강조하고 싶지는 않다. 학교라는 조직을 리드하는 과정에서 다양한 행태의 교육시책과 교육과제가 있다. 이 같은 사안들을 해결하기까지 꼭 한 가지의 리더십만이 유용한 가치가 있을까? 그렇지만은 않다. 리더 자신의 '행동특성', 추종자의 '행동특성', 과업의 성격, 집단의 규범, 응집성을 포함한 '집단요소', 리더의 권력기반, 규율과 절차, 준거조직구조. 기술을 포함한 '조직요소' 등의 변수에 따른 상황을 유목화한 리더십 유형이 있으리라 본다. 즉 교육적인 상황 조건에 적합한 상황적 리더십*Situational Leadership*을 교육경영에서 발휘할 지혜가 필요하다.

그런데 저자가 23가지 교육경영 리더십 유형을 밝히고 난 이후 공통점을 밝힐 수 있었다. 리더는 소속 구성원 개개인의 창의성이나 자발성에 제한을 가하지 않고 구성원의 의견을 청취하고 칭찬이나 인정감을 잘 이용함으로써 집단에 동기를 부여하고 교육경영의 목표를 달성하도록 하는 데 경영과정을 중요시하고 있다. 그리고 집단 구성원의 사기를 앙양하여 응집력을 견고히 하는 과정에서 교육의 생산성을 높인다는 것이다.

이와 같이 다양한 리더십 유형은 공통적인 속성이 있는 반면, 접근 방법에서는 차이가 있다. 때문에 앞서 밝힌 교육적인 상황적 조건에 따라 리더가 펼치는 리더십 유형은 다를 수밖에 없다.

독자들께서는 이 같은 점에 유의하여 효과적인 리더는 모든 상황에 대하여 한 유형의 리더십에 의존하기보다 각기 다른 상황에 대하여 각기 다른 리더십 유형을 쫓아 접근하면 성공한 교육경영 리더로서의 답을 얻을 수 있을 것이다.

01. 포용리더십

리더십은 L=f(l, f, s)이다 23 | 포용적인 리더십이란 24 | 왕건의 포용적인 4E 리더십 25 | 세종대왕의 포용리더십 27 | 교사의 포용리더십 28 | 학교장의 포용리더십 29

02. 실천리더십

리더는 길라잡이 33 | 이순신의 3M전략과 실천리더십 33 | 교육경영과 실천리더십 36 | 교사의 실천리더십 37 | 학교장의 실천리더십 38

03. 협상리더십

왜 협상인가 41 | 교육경영에서 협상의 과정 42 | 협상의 기본 원칙 43 | 기본 원칙에 준거한 교사의 협상리더십 45 | 학교장의 협상리더십 47 | 협상의 상대는 모두가 승자다 49

15. 강점을 살리는 리더십

16. 공정리더십

17. 신념리더십

18. 분배리더십

19. 온정적 합리주의 리더십

20. 화이부동리더십

21. 원칙리더십

22. 슈퍼리더십

23. 상황리더십

교육경영의 성패 내지 교육개혁의 성패는 학교교육을 통합하는 학교장과 학교장을 보좌하여 교사의 직무를 효과적으로 수행할 수 있도록 하는 교감과 학급관리의 주체인 학급담임 및 교과 수업을 담당하는 교사에 달려 있다. 이들이 교육경영에 대한 확실한 목표와 의지를 가지고 리더십을 발휘하여 혁신과 변화의 주체가 되어야 한다. 교육경영 리더가 바뀌면 우리가, 나아가 교육이 세상을 바꿔 더 나은 미래를 만든다.

포용리더십

포용적인 리더십이 있는 학교경영 과정에서는 쌍방적인 의사전달 및 지원적 리드를 하는 데 기반을 두고 있고 구성원 모두가 사기를 진작하여 소속감을 갖고 창의성을 발휘할 수 있기 때문에 다양하고 가치로운 교육 산출물을 창출할 수 있다.

포용적인 리더십은 자유와 방임을 전제로 하는 리더십 스타일이 아니고 업무의 협력과 협업, 업무의 몰입 등을 조성하는 데 기여하여 자율적인 해결 역량을 높이고 업무수행의 권한과 책임감을 확보할 수 있도록 기여한다.

리더십은 L=f(l, f, s)이다

특정한 뜻을 이루기 위해 최소한 두 사람 이상이 모인 곳은 구성원이 많지 않아도 조직이다. 조직 활동을 원활하게 하기 위해서는 리더*Leader*가 존재하고 리더의 역할을 수행하기 위한 리더십*Leadership*이 필요하다. 그러면 왜 리더십이 중요한가? 조직의 구성원은 왜 리더십에 의존하는가? 이러한 질문은 조직이 갖는 일상적인 의문이다. 조직의 모든 문제를 리더가 지닌 리더십으로 해결할 수는 없으나 이유가 어떠하든 조직의 구성원은 리더에 의존하는 현상은 피할 수 없다.

일반적으로 리더십은 일정한 상황 하에서 목적성취를 위해 개인이나 집단의 활동에 영향을 미치는 과정이다. 리더십은 리더*l*, 구성원인 추종자*f*, 상황적 변수*s*의 함수*function*가 리더십*L*이라 할 수 있다. 즉 L=f(l, f, s)이다. 리더십은 지도자와 추종자의 상호작용인데, 그 작용은 그들을 둘러싸고 있는 상황 속에서 발휘되는 것이다.

리더는 고립되어 있는 것이 아니고 구성원인 추종자와의 관계 속에서만 존재하므로 추종자가 없는 경우의 리더는 우리가 이야기하는 리더가 아니다. 리더의 유형은 고정적인 유형으로 존재하는 것이 아니고 상황적 변수에 따라 다양하다. 그렇기에 리더십은 복잡하게 얽혀있는 많은 변수의 교호작용에 의하여 형성된다. 그러한 변수에는 리더 자신에 따른 변수, 추종자에 관한 변수, 그리고 그들을 둘러싸고 있는 상황적인 변수일 것이다. 이와 같은 변수들은 다양한 유형의 리더십으로 개념화하고 있다.

포용적인 리더십이란

이 책에서는 첫 번째로 포용리더십으로부터 문을 열고자 한다. 노자의 도덕경에 '유능제강 약능제강柔能制剛 弱能制强'이라는 고사성어가 소개되어 있다. 부드러운 것이 굳센 것을 능히 이겨내고 약한 것이 강한 것을 이겨낸다는 말이다. 어떤 일을 해결할 때 힘으로 누르는 것이 이기는 듯 하지만 결국은 부드러움으로 감싸는 것보다 오래가지 못한다. 덕으로 포용하여 마음으로 복종하게 하는 것이 진정으로 이긴다는 뜻이다.

'포용包容'하면 남을 너그럽게 감싸주거나 받아들임, 또는 따뜻한 배려나 온화한 마음가짐 등이 연상되곤 한다. 한편 차이를 존중하고 다양성을 존중하는 공존의 철학인 화和, *Harmony*를 추구하게 된다. 이러한 속성을 지닌 포용은 어떤 힘을 간직하고 있을까? 자신의 적까지도 진심으로 품었던 링컨, 공과 사를 엄격히 구분했던 세종대왕, 다른 사람의 강점을 적극 활용해 중국을 통일한 유방 등 이들에게서 찾을 수 있는 공통점은 '포용리더십'을 펼쳤던 역사적 인물이라고 동의하는 데 주저하지 않을 것이다.

조직의 구성원을 만족시킬 수 있는 방법은 대단한 기술력이 아니다. 조직원의 입장에서 생각하고 역지사지의 정신으로 부하의 입장에서 생각하고, 실제로 부하의 입장에서 불편함을 느껴보는 것, 그리고 그 불편함에 대해 안쓰러운 느낌을 갖는 경험을 갖는 리더가 바로 포용하는 리더일 것이다.

왕건의 포용적인 4E 리더십

먼저 포용적인 교육경영 리더십 유형을 제기하고자 왕건의 리더십을 논담으로 피력해 본다.

김성국2003, 이화여자대학교은 고려를 건국한 왕건의 리더십을 다음과 같이 제기하고 있다.

왕건은 자신을 내세우지 않으면서도 때를 알고 기다리는 지혜를 지녔다고 했다. 즉 상대방을 감싸 안은 휴머니티에 근거한 포용적인 리더십을 발휘했다는 것이다. 그는 전쟁을 할 때에는 힘의 열세를 연합전선으로 돌파하였다. 상대방을 신뢰하고 배려하여 허용적이고 포용적인 자세로 재량을 주면서도 한편 책임을 안겨주는 전략을 구사했다. 포용적인 자세는 신뢰와 배려를 전제로 하며, 신뢰와 배려는 무엇으로도 무너뜨릴 수 없는 '튼튼한 다리' 역할을 하는 데 기여한다.

왕건의 또 다른 포용전략은 신라와는 다르게 영토와 민족의 통합전쟁에 협조한 지방 세력들에게 성씨姓氏를 주어 거주지를 본관으로 하는 상징적인 조치를 취하였고, 다양한 사상과 종교를 공존하게 하여 문화적인 측면에서도 다양성과 통일성이 꽃피게 하였다. 중앙 정부와 지방 세력을 각기 권리와 의무로써 공존하도록 재편하여 분열된 민심을 수습하고 사회적인 통합을 이루어 냈다.

이를테면 왕건은 토속 신에게 제사 지내던 의식인 팔관회 행사를 중시하였는데, 이는 자칫 혼란과 무질서로 흐를 수 있는 국가 질서를 하나로 응집하는 효과를 낳았다. 정치적인 면에서도 중앙 집권세력을 공고히 함과 동시에 지방 세력이 중앙에 진출할 수 있도록 다리를 놓아 역동성을 높여주었다. 또한 경제적으로는 해상무역을 크게 장려하여 외국과 문화 교류에 힘을 실어 코리아의 명성을 드높이는 데 애를 썼다.

이처럼 왕건은 웅대한 비전을 제시하는 인비전Envision 리더십과 할 수 있다는 자신감을 불러일으키는 인에이블Enable 리더십, 활력을 불어넣어 에너지를 발생시키는 에너자이저Energizer 리더십, 스스로의 판단과 권한으로 임무를 수행하게 하는 임파우어먼Empowerment 리더십 등 4E 리더십을 발휘하였다.

반면 동일 시대에 군림했던 궁예는 왕으로서 다른 조건은 모두 갖추었지만 부하를 실질적으로 믿고 맡기는 '임파워먼트'에 약했다. 그의 리더십으로는 일시에 천하를 얻을 수 있었지만 천하의 주인이 되기는 힘들다는 것이다. 그러나 왕건은 부하들과 항상 소통하며 부하에게 적절한 권한을 주는 리더십으로 성공했다. 즉 임무를 강제로 부과하기보다는 스스로 할 수 있는 풍토를 조성했다.

세종대왕의 포용리더십

포용리더십은 경청의 교훈을 되새기게 한다. 나의 생각과 다른 의견을 들으며, 그 이유에 대해 한 번 더 고민해 보고 보다 발전된 생각을 갖게 한다. 경청을 즐기는 세종대왕은 창조적 리더십에서도 자세히 소개되나 신하의 말을 경청하는 데 소홀하지 않은 세종대왕의 포용리더십 일면을 빼놓을 수 없다.

세종대왕이 대왕으로 존경받는 이유는 그가 창제한 한글 때문만은 아니다. 그는 탕평을 정치의 바탕에 두고 소통을 즐겨한 정치인이기도 했다. 자신이 세자로 책봉되는 것을 반대했던 황희를 18년간 영의정으로서 소임을 다하도록 했다. 황희는 한글 창제 등을 두고 사사건건 반대의견을 냈지만 세종은 그를 내치지 않고 국사를 논하는 재상으로 족히 인정했다. 그뿐인가, 세종대왕은 자신의 외교정책 기조에 늘 반대를 일삼는 재상 허조를 "고집불통이야."라고 말하면서도 그를 배제시키지 않고 늘 어전회의에 참석시켰다. 혹시라도 신하들끼리 편향성을 가진 결정을 내릴까 우려했기 때문이다. 한글 창제에 아득바득 반대한 최만리를 기꺼이 포용한 것도 바로 자신이 보지 못한 '틈'을 보길 기대하는 의도가 있었기 때문이다. 세종은 반대파의 주장에서 자신이 펼치고자 하는 정책의 정당성을 변증법으로 발전시키는 근거로 삼았던 것이다. 그래서 이들은 조선 역사상, 아니 역대 한국 역사상 자신의 상사에게 하고 싶은 말을 다 하고서도 왕에게 죽어서까지 대우받은 행복한 신하란 부러움을 받을 수 있었다.

예컨대 치열한 생존경쟁에서 살아남을 수 있는 강력한 무기는 '포용'이었으며, 포용으로 인간경영을 한 성공한 역사적인 인물들이 일러주고 있다.

교사의 포용리더십

그렇다면 '포용하는 교육경영 리더십'은 어떨까? 학교 단위 교육의 리더십은 크게 두 가지로 구분한다. 컨트롤타워 위치에서 리드하는 학교장의 학교경영 리더십과 교실에서 이루어지는 교사의 학급경영 리더십으로 구분할 수 있다. 교사의 학급경영 리더십은 학습에 초점을 두는 교실경영과 학급 단위의 관리 기능까지 포함한다.

학급경영은 학급이라는 조직 또는 3명 이상으로 이루어지는 분단 *Group* 및 학습집단을 대상으로 교사의 리더십이 요구된다. 교사주도의 지시 일변도의 전달식 학급경영은 교사가 교실의 주인이고 학생은 교사의 지시와 명령에 순응하는 수동적 구성원일 수밖에 없다.

이 경우의 리더십 스타일은 비포용적인 리더십이다. 비포용적인 리더십이 존재하는 학급경영은 학급 구성원이 피동적이며 학습자가 학습의 주체가 되어 스스로 공부하는 방법을 알고 새로운 지식을 획득할 수 있는 능력을 갖도록 할 수 없다. 오로지 지식을 전달하는 교수가르치는 사람가 있을 때만 학습이 가능할 뿐이다.

따라서 교수敎授: 가르침가 없더라도 학습자가 학습의 주체가 되어 자기주도적으로 학습하도록 자율적인 학습 역량을 허용해 주는 교육관에 초점을 둔 포용적인 리더십이 필요하다. 포용적인 리더십이 있는 학급경영은 학습의 주인공이 교사가 아니고 학습자이며, 교사는 학습의 도우미 및 코치로서의 역할에 충실할 뿐이다. 그래야 학습자가 학습의 주체가 되어 학습을 수행할 수 있다는 자기주도적인 학습역량을 갖게 되고 학습에의 자긍심을 갖게 된다. 학습자는 학습역량과 자긍심이 동기붙임이 되어 또 다른 새로운 학습사태에 직면하게 되어도 적극성을 갖고 도전하게 된다.

학교장의 포용리더십

학교경영의 책임자인 학교장은 물론 학교장을 보좌하여 교직원들과 친화관계의 역할을 수행하는 교감의 리더십이 비포용적일 경우에는 학교경영의 의사결정과정이 일방통행식이다. 비포용적인 리더십이 있는 학교경영에서는 구성원들에게 무엇을 어디에 그리고 어떻게 하는가를 일방적으로 지시하는 데 능할 뿐이다. 다만 이 같은 리더십이 있는 학교경영에서 얻는 것은 교육 산출물의 신속성과 획일화를 기하는 데는 성공적일 수는 있을 것이다.

그러나 포용적인 리더십이 있는 학교경영에서 소속 구성원들은 이미 업무를 수행할 능력이 있기 때문에 무엇을 어떻게 하는가를 지시하는 것은 불필요하다.

이 같은 포용적인 리더십이 있는 학교경영 과정에서는 쌍방적인 의사전달 및 지원적 리드를 하는 데 기반을 두고 있고 구성원 모두가 사기를 진작하여 소속감을 갖고 창의성을 발휘할 수 있기 때문에 다양하고 가치로운 교육 산출물을 창출할 수 있다.

포용적인 리더십은 자유와 방임을 전제로 하는 리더십 스타일이 아니고 업무의 협력과 협업, 업무의 몰입 등을 조성하는 데 기여하여 자율적인 해결 역량을 높이고 업무수행의 권한과 책임감을 확보할 수 있도록 기여한다.

실천리더십

실천리더십을 지닌 리더는 인격이 원만하고 자기를 내려놓을 줄 알며, 리더의 권위를 분산할 줄도 알고 구성원과의 주종관계가 아니며 엄격한 상하관계보다는 파트너십*Partership* 관계에 놓여있다.
따라서 구성원 간에 결속력이 강하고 업무의 효율성을 기할 수 있다.

리더는 길라잡이

리더Leader는 길잡이 역할을 한다. 길잡이 역할은 말보다는 시범으로 보일 때 훨씬 파급효과가 크다고 할 것이다. 시범은 실천이다. 실천實踐은 이념에 앞서 적극적인 행동으로 나타내는 것이다. '내가 하라는 대로 하라'는 식의 리더십은 소극적인 방법으로 구성원의 희생을 가져오는 행동이다. 그러나 리더가 시범을 보일 때는 "나와 우리모두 함께 합시다."라는 적극적인 방법이다.

이순신의 3M전략과 실천리더십

임진왜란 시 일본과의 해전에서 전승을 거둔 이순신의 실천리더십을 담론으로 제기해 본다.

이순신 장군의 리더십을 실천리더십으로 명명하기까지는 다음의 실천적 사례가 확인시켜 주고 있다.

이순신은 매사를 수행할 때는 "모든 일을 준비하면 이루어지고 미리 준비하지 않으면 어그러진다事豫則立 不豫則廢."라는 자세로 임하였으며, "싸워 이기는 조건을 먼저 만들고 싸워 이기는先勝求戰" 임전무퇴 정신이 투철했다. 그리고 부족함을 부족하다고 하지 않고 오히려 부족함을 역전의 기회로 삼는 지략이 뛰어났다.

예컨대 "죽자하면 살고, 살고자하면 죽는다. 한 사람이 길목을 잘 지키면 천 명의 적도 두렵게 할 수 있다必死則生 必死則死 一夫當逕 足懼千夫."고 했다. 1597년 9월, 이순신이 명량鳴梁 해전이 있기 하루 전날 밤 절대적 수적 열세 속에서 싸워야 하는 병사들에게 두려움을 떨쳐버리고 당당하게 맞설 것을 당부한 말이다.

이순신 장군이 부하의 사기를 진작시키고 난 후의 명량해전은 "신에게는 아직도 12척의 군선이 있다臣戰船尙有十二."는 강한 자긍심으로 거북선 12척만으로 수적으로 우세했던 왜군을 울돌목의 소용돌이치는 급류를 이용해 적선을 유인한 뒤 적선 31척을 격파함으로써 수세에 몰려있던 전황을 완전히 뒤바꿔 놓았다.

이처럼 난세의 영웅 이순신 장군은 이념에 머물지 않고 전장의 선두에 서서 지시와 명령보다는 수범을 보인 실천리더십이 있었기 때문에 가능했다.

그래서 후세인들은 이순신이 3M싸움에 있어서 바다의 길목: Market, 함께 일하는 사람들: Man, 일기를 전쟁 중에도 날마다 기록 즉 경영: Management을 수행하는 즉 실천을 중요시했다고 인정하고 있다. 이 같은 실천을 중시한 그의 지혜는 이순신으로 하여금 "무엇What을 가지고 어디에서 Where 어떻게How 싸울Power 것인가"라는 전략을 수립하고 전투에 임하는 능력이 탁월했다. 때문에 이순신 장군은 거북선을 가지고서 꼭 이길 바다장소에서만 23전 23승을 했다.

18세기 조선 실학 사상 형성기의 대표적인 재야 지식인 성호 이익1681~1763은 이순신 장군이 탁월한 경영자였다는 논평을 『성호사설 제14권』에 수록하였는데, 그 내용을 백승종2020.한국기술교육대학교이 소개했다.

임진왜란 때 선조는 이순신에게 통제사라는 벼슬만 주었지 전쟁물자를 거의 지원하지 못했다. 그때 이순신은 조정에 한 가지를 요청했다. "백성은 군수품을 조달하느라 이미 지쳤습니다. 부디 제게 해변 한 자락을 떼어주시기 바랍니다. 그러면 군량과 병기를 마련해 보겠습니다." 조정의 하락을 얻은 이순신은 큰 솥을 만들어 바닷물을 증발시켜 대량으로 소금을 생산하고, 그 소금을 팔아 장만한 곡식이 수만 섬이었다. 그래서 이순신은 막강한 해상 전투력을 확보하였다.

경영에 성공한 이순신은 당시의 난국을 벗어나기 위한 실천적 리더십을 보여준 역사적 사실이다.

계사癸巳년 1593년 2월 18일 이순신 장군의 일기에는 지혜롭게 치밀한 전략을 세워 수범한 사실이 잘 나타나 있다.

　　이른 아침에 행군하여 웅천熊川에 이르니 적의 세력은 여전했다. 사도
蛇渡 첨사로 복병장伏兵將을 임명하여 여도呂島 만호, 녹도鹿島 가장假將, 좌
우별도장左右別都長, 좌우돌격장, 광양 2호선, 흥양 대장代將, 방답 2호선,
등을 거느리고 송도松島에 복병하게 하고, 모든 배를 시켜서 꾀어내게 하
니 적선 10여 척이 뒤를 따라 나왔다. 경상도 복병선 5척이 날쌔게 먼저
나가 쫓을 적에 다른 복병선이 뛰어들어가 둘러싸고 수없이 쏘아대니,
왜적이 죽은 것이 그 수효를 알 수 없고, 목을 벤 것이 1급이라 적의 기세
가 크게 꺾여서 끝내 쫓아 나오지 못하였다. 날이 저물기 전에 여러 장수
를 거느리고 원포院浦로 가서 물을 길어다가 어두운 틈을 타서 영등포 뒷
바다로 돌아왔다. 사화랑沙火郞에 진을 치고 밤을 지냈다.

　이와 같이 이순신은 부하들과 함께 한 지혜로운 전략은 그의 성실
하고 깊은 생각을 행동으로 옮기는 실천리더십이 있었기에 역사에
서 승자로 기억된다. 이순신의 실천리더십은 성실과 실천이 내제된
그의 인간성을 바탕으로 하고 있으며, 모든 사람은 이순신의 이러한
인간성에 동의하고 있다.

교육경영과 실천리더십

　교육경영에서는 실천리더십이 존재해야 하고 권위형 리더십이 존재
해서는 안 된다. 교육에 있어서 실천리더십은 권위형 리더십과 상반

된 관계에 있다. 권위형 리더십은 업무중심적이고 구성원들에게 지시 또는 명령하는 리더십이다. 권위형 리더십은 업무의 성취를 목적에 두고 리더의 권위를 앞세워 업무수행을 재촉하는 데 능하다.

그러나 실천 리더십은 업무의 현장에서 구성원들과 함께 뛰는 리더십이다. 구성원들에게 업무를 부과할 때 지시하고 명령하는 것이 아니고 주어진 업무를 해결하기 위하여 현장에서 함께 수행하는 리더십 스타일이다. 하다못해 구성원들로 하여금 업무를 수행하도록 하는 방안으로 선두에서 솔선하여 수범한다.

실천리더십을 지닌 리더는 인격이 원만하고 자기를 내려놓을 줄 알며, 리더의 권위를 분산할 줄도 알고 구성원과의 주종관계가 아니며 엄격한 상하 관계보다는 파트너십*Partership* 관계에 놓여있다. 따라서 구성원 간에 결속력이 강하고 업무의 효율성을 기할 수 있는 장점이 있다.

교사의 실천리더십

수업과정에서는 리더인 교사와 학생이 평등한 관계에서 학습과제를 도출하거나 학급과제를 해결하는 과정에서 교사가 학생의 의사를 존중하고 학생의 자율성을 존중해야 한다.

이처럼 조화로운 인간관계가 조성된 라포*Rapport*가 형성되는 가운데 교사가 수범을 보여 학생들이 자율적으로 따라오도록 한다.

교실수업도 교사가 일방통행식의 지식을 전수하는 것이 아니고 주어진 학습과제를 해결하기 위하여 해결책을 함께 모색한다. 교사의 실천적 리더십이 있는 교실은 교사와 학생 간의 우호적인 분위기가 숨쉬며 과제를 수행하여 얻는 성취감의 기쁨도 크게 작용한다.

학교장의 실천리더십

  학교경영도 최고의 리더인 학교장은 구성원들의 자율성을 존중하며, 리더와 구성원들 간에 서로 감시와 통제를 피하고 구성원들로 하여금 스스로 참여하도록 하는 리더십이 요구된다. 이는 리더가 시범을 보이고 실천하는 리더십 유형이기 때문이다.

  실천리더십이 있는 학교경영은 리더가 '한발 먼저 생각하고 한발 앞섬One-up manship'을 보여주기 때문에 구성원 모두가 주인의식을 갖고 경쟁자가 아닌 동반 성장의 파트너로 교육활동에 참여하여 교육활동 산출물의 질과 양이 우수하며 경영의 기쁨을 리더만이 아닌 구성원 모두가 공유하기에 이른다.

협상리더십

협상에 임하는 리더가 간과하지 말아야 할 것은 협상에서 사람의 중요성을 과소평가하지 말아야 한다. 우리의 협상 상대는 의제가 아니고 바로 사람이다. 사고 기술과 정직, 신뢰가 중요하다. 그리고 협상은 모두가 승자가 되는 것을 지향점으로 해야 한다. 협상 당사자 모두가 승자가 되기 위해서는 양보와 손해를 전제로 할 때 가능하다는 것이다.

협상에서 수단과 방법을 가리지 않고 '나는 이기고 너는 진다'는 자세로 임한다면 결국 협상은 모두가 실패하는 Lose-Lose 협상에 이를 뿐이다. 협상을 통해서 목표를 달성하려면 서로가 일정 수준을 양보하고 손해를 전제로 할 때 협상에 성공하여 서로가 승리하는 Win-Win 협상에 이른다.

왜 협상인가

인간은 살아있는 동안 어떤 일을 수행하기 위해서는 싫든 좋든 협상하지 않을 수 없다. 가정에서는 부모가 공부를 열심히 하지 않는 자녀들이 공부를 열심히 하도록 자녀들을 대상으로 협상協商을 한다. 정부에서는 외국과 갈등 관계를 해결하여 선린 관계를 이끌고 유대 관계를 공고히 하거나 교역을 증대시키기 위하여 협상을 한다. 협상은 개인적으로는 다른 사람으로부터 원하는 것을 얻어내는 기본적인 수단이다. 국가 간의 협상은 공통된 이해 관계를 갖고 동시에 상반된 이해 관계를 갖고 있을 때 합의를 보기 위해 밀고 당기는 대화이다. 협상은 갈수록 늘어나고 있다. 갈등이 늘고 있기 때문이다.

협상은 공동 결정에 다다를 목적으로 서로 의사를 주고받는 과정이다. 그런데 의사 전달 없는 협상은 없다. 의사 전달은 공동의 가치관을 갖고 경험을 함께 나눈 사람들 사이에서도 결코 쉬운 일은 아니다. 일평생을 함께 살아온 부부도 거의 날마다 생각의 차이로 오해의 과정이 잦다. 하물며 잘 모르는 사람이나 적대감이 있거나 혹은 의심을 가진 사람들과의 의사 전달이 잘될 리가 없다. 당신이 무슨 말을 하더라도 상대방은 거의 언제나 그것을 다른 뜻으로 알아들을 수 있다. 하물며 법정에 나가게 되는 경우에도 거의 대부분 재판이 시작되기 전에 해결책을 찾기 위해 협상을 하기에 이른다. 그 이유는 협상의 개념이 대변해 주고 있다.

협상이란 공동의 문제를 안고 있는 둘 이상의 의사결정 주체가 임의로 복합적인 이해 사안을 주고받은 교환을 통하여, 다른 유형의 행동 결과보다는 나은 결과를 가져오기 위한 상호 전략적 조우 과정이라고 볼 수 있다.

교육경영에서 협상의 과정

학급경영과 학교경영도 구성원과의 협상을 통하여 이루어진다. 학급경영은 가르치는 교수활동과 학급경영의 효율성일의 능률을 높이고 효과성일의 결과을 기하는 데 초점을 둔다. 때문에 학급 담임은 위로는 학교장과 교감, 횡으로는 교무조직의 각 영역부장과 여타 선생님, 학급경영의 대상인 학생들과 수업일수 내내 협상이 이루어진다.

학교경영도 학교교육과정의 목표를 달성하기 위하여 학교장은 교감을 비롯한 각 교무조직의 영역부장과 선생님과 학생을 비롯하여 물적 및 재정적 지원을 담당하는 행정실 구성원은 물론 때로는 지역사회 구성원과도 협상에 의하여 학교의 경영과제를 추진하고 있다.

학급경영과 학교경영 과정에서 대상자 간에 협상에 돌입하기 전, 입장과 목표, 한계점을 설정한다. 협상 도중 막다른 골목에 이르면 최초 입장을 수정하게 된다. 이런 식으로 양보하면 신뢰분위기가 형성되고 상호 만족스러운 결과에 도달할 가능성이 높아진다. 분명한 입장을 가지고 협상에 임하면 손해 보는 느낌이 아니라 자신감과 융통성을 갖고 타협에 이를 수 있다.

협상의 기본 원칙

이 같은 협상에서 타협점을 이루어 내기 위해서는 협상리더십이 필요하다. 협상리더십을 발휘하기 위한 기술은 원칙화된 방법인 협상의 기본 원칙이 있다.

① 사람: 문제와 사람을 분리시켜야 한다.

이 원칙은 협상에서 인물을 논쟁점으로 삼지 말고 의제를 논쟁점으로 해야 협상이 성사된다는 논지이다.

이를테면 협상의 당사자가 지닌 선입견을 갖고 협상에 임하면 본래의 협상문제가 차선책으로 간주하게 되어 협상 테이블에 마주하기 전에 결렬되기 쉽다.

가상적으로 한반도 평화에 위협이 되고 있는 북한의 '핵 제거'에 관하여 협상을 한다고 가정할 경우에, 평소에 핵을 보유해야만 북한이 살길이라고 견지해 온 김정은에 대한 선입견을 갖고 협상 테이블에서 마주하게 되면 '핵 제거'라는 협상문제를 논하기도 전에 결렬되기 쉽다. 그러나 김정은과 협상을 하되 실제로 협상 아젠다인 '핵 제거'에 대한 문제에 접근해야 한다.

즉 부차적인 문제라 할 수 있는 김정은에 대한 선입견을 가지고 협상 아젠다에 접근하면 협상이 이루어지지 않는다는 것이다.

② 이해관계: 입장이 아니라 이해관계에 초점을 맞춘다.

협상의 목적이 자신들에게 드러나지 않은 이해관계를 충족시키는 것이므로, 상호 공언한 입장에 초점을 맞추려는 태도를 극복하기 위해 고안된 것이다. 입장을 놓고 협상하면 협상 당사자가 정말로 원하는 것을 흐리게 만드는 일이 종종 있다. 입장을 놓고 타협하면 이러한 입장을 취하도록 만든 인간적인 욕구들을 효율적으로 충족시킬 수 있는 합의를 이끌어 내기 어렵다. 처지를 바꾸어 생각하는 역지사지易地思之 정신이 필요하다.

즉 자기 입장만 고집하면 상대방의 입장을 고려하지 않기 때문에 협상이 결렬될 것을 미리 약속하는 것과 마찬가지이다.

③ 옵션: 무엇을 할 것인지 결정하기 전에 다양한 가능성을 만들어야 한다.

협상의 상대방을 앞에 두고 합의 결정을 하려고 하면 시야가 좁아진다. 많은 이해관계가 걸려있을 때에는 창의성을 발휘하기 어렵고, 올바른 해결책을 찾는 것 또한 마찬가지로 어렵다. 협상 당사자들은 이러한 제약 조건들을 상쇄시키기 위해 넉넉한 시간을 가지고 공동의 이해관계를 증진시키고, 상반된 이해관계를 조정해 줄 폭넓은 해결책을 강구해야 한다. '합의'를 보기 이전에 상호 이익이 되는 옵션을 창출해야 한다.

요즘 시중의 신규 아파트 분양을 할 경우에 아파트 내부 시설에 창의성을 발휘한 옵션을 마련하고 홍보를 하면 수요자들의 욕구 충족을 높이면서도 아파트 분양 가격을 높이는 방안과도 흡사하다.

④ 기준: 객관적 기준에 근거한 결과를 주장한다.

협상 당사자들이 협상에 대처하는 방법은 협상 당사자 독단적인 결정만으로는 충분치 않으며, 양측의 원시적인 의지와는 무관하게 매우 공정한 기준에 입각해야 한다는 것이다. 이 말은 어느 한쪽이 선정한 기준을 근거로 하자고 주장하라는 뜻이 아니라 상당히 공정한 기준을 근거로 삼을 것을 주장하라는 뜻이다. 양측이 원하는 것과 원하지 않는 것에 대해 논하는 대신 공정한 기준에 입각해 논한다면 어느 쪽도 상대방에게 굴복할 필요가 없다. 그래서 협상에서 합의를 이끌기 위한 기준으로 당사자가 공감하는 객관적인 기준에 입각해야 한다는 것을 주장하는 것이다.

기본 원칙에 준거한 교사의 협상리더십

학급경영 과정에서 생활지도 시 도벽성남의 물건을 훔치는 나쁜 버릇이 있는 문제 학생을 어떻게 지도하면 효과적인지 치유과정을 밝혀 본다.

담임 선생님이 문제 학생을 상대로 상담과정을 통하여 생활상의 문제점을 치유하는 과정은 결국 담임 선생님과 문제 학생과의 협상이다.

도벽성이 있는 문제 학생을 대상으로 치유하는 과정을 '협상의 기본 원칙'을 준거로 이야기해본다.

① 사람: 문제와 사람을 분리시켜야 한다.
담임 선생님이 평소에 문제 학생을 나쁜 학생이라는 선입견을 두고 생활지도 방법상 협상에 임하는 것을 지양하고 상담 문제인 도벽성을 치유하는 방법에 초점을 두고 협상에 임해야 한다.

② 이해관계: 입장이 아니라 이해관계에 초점을 맞춘다.
담임 선생님은 학생이 도벽을 하게 된 까닭을 학생의 이해관계에서 먼저 파악해야 한다. 담임 선생님이 도벽을 한 문제 학생이 나쁜 일을 저질렀다는 입장에서 상담을 추진하면 도벽 습관을 치유하기 어렵다.

도벽을 할 수밖에 없는 까닭을 먼저 이해하고, 도벽을 하여 문제 학생이 얻는 이득은 어떠하며, 문제 학생이 저지른 도벽으로 인하여 물건을 잃은 상대방은 어떤 결과를 가져오게 되는지 등 서로 이해관계에 대하여 초점을 맞추고 상담을 접근해야 한다. 이처럼 이해관계를 고려하여 도벽 습관을 치유하면 담임 선생님은 학급관리 및 가르치는 보람을 얻을 수 있고, 문제 학생은 이제 착한 학생이 될 수 있다는 기대를 갖게 되어 상담에 이르는 합의가 가능하다.

③ 옵션: 무엇을 할 것인지 결정하기 전에 다양한 가능성을 만들어야 한다.

협상 상대방인 문제 학생을 앞에 두고 우선 도벽성을 치유하려고 하면 시야가 좁아진다. 도벽을 하지 않도록 문제 학생을 대상으로 협상 전에 누명을 벗고 착한 학생으로 인정받을 수 있는 다양한 옵션을 개발해야 한다.

도벽을 하지 않도록 어떠한 마음가짐을 가지고 생활해야 하며, 도벽 습관을 버리게 되면 동료들로부터 인격적인 존중을 받고 선생님으로부터 착한 학생으로 신망을 얻는다는 등 다양한 옵션을 개발하여 착한 의지를 다지도록 동기부여를 마련해 주어야 한다.

④ 기준: 객관적 기준에 근거한 결과를 주장한다.

담임 선생님은 상담과정에서 과거에 문제 학생을 치유한 성공적인 경험 팩트를 마련해 주어야 교사는 문제 학생을 치유할 수 있다는 자긍심을 갖게 되고 학생은 담임 선생님의 지도에 신뢰를 갖게 되어 결국은 교사와 학생 모두가 승리할 수 있는 호혜적인 방법임을 인식하게 된다.

학교장의 협상리더십

학교경영에서도 협상에 임할 과제만 다를 뿐, 원칙화된 방법인 '협상의 기본 원칙'을 적용하는 방법에는 차이가 없다.

학교장은 학교교육과정 운영 과정에서 추진해야 할 다양한 시책을 교무분장에 제시된 역할 담당자가 수행하도록 하여야 함은 당연하다. 학교장은 시책을 추진할 역할 담당 교원과 추진 시책을 분리시켜 협상에 임해야 한다.

　학교장의 선입견이 평소 좋지 않은 교원에 초점을 두고 시책을 추진하기 위한 협상을 논하면 합의가 어렵다. 어디까지나 대상 교원과 추진할 시책을 분리하여 협상에 임해야 합의에 이를 가능성이 높다.

　다음은 학교장의 입장과 추진할 교원의 입장에 주안점을 두고 협상에 논하게 되면 시책의 내용과 추진 과정상에서 견해가 다를 경우에 갈등을 유발할 염려가 많다. 학교장은 추진할 교원의 입장에서 추진 역량과 추진 여건, 담당 교원의 건강 등의 이해관계를 우선 고려해야 한다. 한편 교원은 학교장의 입장에서 시책을 추진하려고 하는 의도와 지원받을 내용 등의 이해관계를 고려해 보는 등 서로가 공감할 수 있는 공통적인 합의점을 찾을 때 협상이 가능해진다.

　학교장은 학교교육과정 운영 시책을 결정하기 전에 소속 교원들과 어떤 시책을 어떻게 추진하여 학생과 지역사회에 미치는 최대의 성과를 거둘 수 있겠는지를 고려해 보는 등 협상 가능성을 살핀다. 그리고 추진할 교원과 전체 교원들의 애쓴 노력에 대한 대가를 얻고 보상을 줄 수 있는지 등 다양한 관점에서 옵션을 창출해야 협상 가능성이 높아져 합의가 이루어진다는 사실을 명심해야 한다.

협상의 상대는 모두가 승자다

간과하지 말아야 할 것은 협상에서 사람의 중요성을 과소평가하지 말아야 한다. 우리의 협상 상대는 의제가 아니고 바로 사람이기 때문이다. 사고 기술과 정직, 신뢰가 중요하다.

그리고 협상은 모두가 승자가 되는 것을 지향점으로 해야 한다. 협상 당사자 모두가 승자가 되기 위해서는 양보와 손해를 전제로 할 때 가능하다는 것이다. 협상에서 수단과 방법을 가리지 않고 '나는 이기고 너는 진다'는 자세로 임한다면 결국 협상은 모두가 실패하는 Lose-Lose 협상에 이를 뿐이다. 협상을 통해서 목표를 달성하려면 서로가 일정 수준을 양보하고 손해를 전제로 할 때 협상에 성공하여 서로가 승리하는 Win-Win 협상에 이른다.

아파트 매매가 성사되기 위해서는 매도인과 매수인 모두 자기에게 유리한 매매가를 고집한다면 매매가 성사되기 어렵다. 매도인은 매도할 가격을 낮추고 매수인은 의도한 가격을 다소 높일 때 매매는 성사된다.

04

클린리더십

윗사람이 청렴하고 정의로우면 아랫사람도 그렇게 될 것이고 윗사람이 비겁하고 탐욕스럽게 행동하면 아랫사람은 한술 더 떠 부도덕한 행실을 보일 것이다. 리더는 청렴하고 정의로운 행실을 응당 지니고 리드해야 한다. 이 같은 자질을 지닌 리더의 리더십을 클린리더십이라 명명한다.

다산의 정신은 공정과 청렴이다

다산 정약용 선생이 28세가 되던 해의 정월 27일 문과에 우수한 성적으로 급제하고 임금으로부터 칭찬과 격려의 말씀을 듣고 물러나오면서, 느낀 소감을 표현하여 임금께 다짐하는 글 중의 일부에 이런 글귀가 있다. '둔하고 졸렬해서 임무 수행은 어려우나, 공정과 청렴으로 정성을 다 하겠노라둔졸난충사 공렴원효성 鈍拙難充使 公廉願效誠' 시 구절을 남겼다. 이것은 다산의 핵심 사상이기도 하다. 다산이 바라던 이상 국가도 공정하고 공평한 세상이었다.

이와 속뜻이 벗어나지 않은 '상행하효上行下效'라는 사자성어가 있다. 윗사람이 하는 일을 아랫사람이 본받음을 뜻한다. 윗사람이 행하면 아랫사람은 본받는다. 좋은 일이든 나쁜 일이든 다 마찬가지이다.

윗사람이 청렴하고 정의로우면 아랫사람도 그렇게 될 것이고 윗사람이 비겁하고 탐욕스럽게 행동하면 아랫사람은 한술 더 떠 부도덕한 행실을 보일 것이다. 리더는 청렴하고 정의로운 행실을 응당 지니고 리드해야 한다. 이 같은 자질을 지닌 리더의 리더십을 클린리더십이라 명명한다.

클린리더십의 네 가지 교훈

클린리더십이 존재하는 곳에서는 어떤 토양이 만들어지고 있을까? 클린리더십의 속성에 담긴 네 가지 교훈을 드러내고자 한다.

첫 번째 교훈은 "윗물이 맑으니 아랫물이 맑다."는 우리 속담과 같은 의미인 "윗물이 흐리면 아랫물도 깨끗하지 못하다는 뜻으로, 윗사람이 부패하면 아랫사람도 부패하게 된다상탁하부정上濁下不淨." 한편 공자와 맹자의 사상을 가다듬어 체계화한 순자荀子의 역설처럼 "굽어지기 쉬운 쑥대는 삼나무 밭에서 자라면 저절로 곧아진다봉생마중 불부직逢生痲中 不扶直."는 한자성어는 클린리더십Clean Leadership의 속성을 나타낸 말로, 좋은 환경에서 훌륭한 분과 교분 관계를 맺으면서 생활하다보면 거기에 동화되어 올곧은 사람이 된다고 의역할 수 있다.

두 번째 교훈은 『논어』의 위정 편에서 공자는 무엇보다도 덕정德政, 즉 덕에 의한 정치를 맨 위에 두어야만 모든 별이 북극성을 떠받들게 되는 것처럼 순탄한 정치가 이루어질 수 있다고 보았는데, 그 기본적인 방향을 이렇게 설정했다.

"정령政令 정치상의 법도와 규칙으로 이끌고 형벌로 다스리면, 백성들은 법망을 교묘하게 빠져나가고도 부끄러워할 줄도 모른다. 덕으로 이끌고 예로써 다스리면 백성들은 부끄러워할 줄도 알고 잘못을 바로잡게 된다." 정치적 명령이나 형벌로 다스리면 일사불란하면서도 신속하게 승부를 낼 수 있으나, 그렇게 할 경우, 백성들은 법망을 빠져나갈 궁리만 하고 끝내 자기 자신의 잘못을 부끄러워할 줄 모르는 무치無恥의 상황으로 들어갈 수 있다.

그래서 공자는 "백성들 스스로 규정을 준수하고 법도와 규범을 지키지 않으면 스스로 부끄러움을 느끼게 하는 도덕적 경지로 나아가게 하여 스스로 바로잡는 방식의 해법을 찾도록 해야 한다."고 일러준다.

또 다른 세 번째 교훈인데, 공자는 노나라 애공哀公이 백성들을 복종시키는 방법을 물었을 때 그들을 근본적으로 복속시킬 수 있는 해법을 이렇게 내놓았다.

"정직한 사람을 천거하여 비뚤어진 사람 위에 두면 백성들을 복종하겠지만, 비뚤어진 사람을 뽑아 정직한 사람 위에 두면 백성들은 복종하지 않을 것이다."

즉 위정자의 도덕성과 솔선수범이 전제되지 않는 정치력의 발휘는 곤란하다는 게 공자의 시각이다.

네 번째 교훈이다. 리더로 살아가려면 중국 당나라 제2대 황제 태종의 오픈 마인드를 섬겨야 한다.

"사람이 자기의 얼굴을 보려면 반드시 맑은 거울이 있어야 하고, 군주가 자기의 허물을 알려고 하면 반드시 충직한 신하에 의지해야 하오. 군주가 만일 스스로 성인이라 여기고, 신하도 정확한 의견을 제시해 바로 잡아주지 않는다면, 이런 상황에서 어떻게 위험과 실패를 면할 수 있겠소. 만일 군주의 행동이 정당하지 않은데 신하들이 바로잡아주지 않고 순종해 편안함만을 추구한다면 나라가 위급해져 멸망할 것이오."

이 이야기처럼 태종 이세민이 견지한 의사결정과정의 모니터링 제도는 자신의 의견에 대하여 다양한 피드백을 적극 수용하겠다는 '정관의 치' 중국 당나라 태종의 치세를 기리어 이르던 말는 역사에 빛날 수 있었다.

클린리더의 길은 '깨진 유리창 이론'의 메시지

클린리더십의 속성이 담긴 네 가지 교훈은 리더가 일을 잘하는 사람이 아니라 길을 잘 아는 사람이어야 함을 웅변해 주고 있다. 클린한 리더는 클린하는 길을 아는 일이 우선일 것이다.

우리나라의 행정 속에는 과거제도나 가치관이 아직도 많이 남아있다. 한국 행정의 현대화에 장애가 되는 것들이다. 그 예로 우리나라 사람들의 잠재의식 속에는 다음과 같은 사고방식이 자리를 잡고 있다. 행정고시나 사법고시에 합격하면 평생직장이 보장되고, 권력(힘)이 생기고, 돈도 생겨 부를 누릴 수 있고, 명예도 따른다고 생각한다.

이중 '돈도 생겨 부를 누릴 수 있다'는 바람직하지 않는 행정문화에 대하여 논담하고자 한다. 필자도 이 같은 논담을 다양한 조직에서 재직한 타인에게 듣곤 했다.

즉 리더가 되려면 재력도 조건이라는 것이다. 재력이 있으면 동료들보다 승진이 빠르고 출세도 보장되며 조직의 리더로 성장하기가 보다 수월하다는 논리일 것이다. 만일 조직을 관리하는 리더 자격의 기준이 재력이라면 그 조직의 생존이 가능할까? 가능하면 어느 정도의 기간까지 생존이 가능할까? 조직의 생존이 가능하지 않으면 어떻게 붕괴될까? 질문을 던져본다. 이 같은 질문에 '깨진 유리창 이론에' 의하여 해답을 얻고자 한다.

1969년 미국 스탠퍼드대학교 필립 짐바르도 교수는 흥미로운 실험을 했다. 슬럼가의 골목에 두 대의 중고 자동차 보닛을 열어 놓은 채 놔뒀다. 한 대는 유리창을 조금 깨뜨려 놓았다. 뜻밖에도 일주일 후 자동차 상태는 너무도 달랐다. 보닛만 열어 놓은 차는 별로 변화가 없었으나, 유리창이 깨진 차는 고철 더미가 되었다. 나머지 유리창까지 몽땅 작살난 것은 물론 낙서투성이에 타이어, 배터리까지 사라졌다. 단지 유리창 하나를 조금 깨어놓았을 뿐인데 걷잡을 수 없는 파괴를 부른 것이다.

이 실험 결과를 토대로 범죄심리학자 제임스 윌슨과 조지 켈링은 1982년 '깨진 유리창 이론*Broken Window Theory*'를 발표했다. 도시 변두리 건물에 유리창 하나가 깨진 집이 있다. 내버려 두면 행인들이 버려진 집으로 생각하고 돌을 던져 나머지 유리창을 모조리 깨뜨렸다. 이어 인근 빈집과 건물들의 유리창이 파손되고, 벽들은 페인트 낙서로 덮여 있었다. 작은 무질서와 사소한 범죄를 방치하면 더 큰 사고와 심각한 범죄로 번진다는 이론이다.

'깨진 유리창 이론'은 범죄도시로 악명 높았던 뉴욕의 치안 대책에 실제 쓰였다. 조지 캘링은 뉴욕 지하철 흉악범죄를 줄이는 대책으로 '낙서 지우기'를 제안했다. 교통국이 전동차의 낙서를 지우기 시작하자 범죄증가율이 주춤했고, 4년쯤 지나자 놀랍게도 절반 수준으로 떨어졌다. 1994년 취임한 줄리아니 뉴욕시장은 이를 뉴욕시에 도입했다. 낙서, 신호위반, 무임승차, 쓰레기 투기 등을 가혹하리만큼 단속했더니 놀라운 결과가 나왔다. 중범죄자의 절반 이상이 줄어들었다.

'깨진 유리창 이론'은 이후 기업경영, 일반 조직 관리에도 적용된다. 사소하거나 작은 비윤리 행위, 부패, 실수 등을 방치하면 끝내 기업이나 조직이 회복불능의 상처를 입거나 머지않아 붕괴에 이를 수 있다.

교육경영과 '깨진 유리창 이론'

'깨진 유리창 이론'을 교육경영에도 적용하면 보다 청렴하고 정의로운 조직으로 운영되는 리더십 유형일 것이다. 청렴은 성품과 행실이 높고 맑으며, 탐욕이 없음을 말한다. 철학자 존 롤즈는 정의를 '자유롭고 평등한 것'이라고 했고 공자와 맹자는 '사람으로 마땅히 해야할 올바른 도리'라고 했다.

이 같은 청렴과 정의가 기준이 된 클린리더십을 멀리하고 부패한 리더십이 존재한 조직은 결과적으로 경영의 목표에 못 미치는 낮은 효과성과 낮은 효율성만이 기대되고 비정상이 정상으로 위장된 조직이 되어, 머지않아 조직의 붕괴를 가져오는 결과를 가져오기도 할 것이다.

교사의 클린리더십

예컨대 청렴하고 정의로운 클린리더십을 지닌 교사와 함께 공부하는 학생은 능력만큼의 정당한 대우를 받을 것이다. 클린리더십을 지닌 교사와 함께한 학생은 그렇지 않은 학생보다 청렴하고 정의로운 인성을 다질 수 있는 가능성이 높다.

클린리더십을 지닌 교사에게 배운 학생은 세상을 살아가는 데도 정직하고 정의가 다져진 윤리의식을 지니고 살아가며, 사회의 일원이 되어 주어진 업무를 수행할 시 노력한 만큼의 정당한 대가를 요구할 뿐 불로소득을 요하지 않을 것이다. 학급경영의 과정은 합리성과 공정성을 기하기 때문에 학습 성과의 질과 양도 튼실하고 우수할 것이라 기대한다.

학교장의 클린리더십

학교경영도 다를 바 없을 것이다. 학교경영의 최고리더가 청렴과 정의를 속성으로 한 클린리더십을 지녔을 경우는 구성원의 태도와 행동에 영향을 미치게 된다.

먼저 학교장-교감-부장-교사로 이어지는 계서문화가 정당한 기준에 의하여 구성되는 공조직이 될 것이며, 친불친 내지 사익에 의존한 비선조직이 존재하지 않을 것이다. 의사결정 과정에서도 하의상달下意上達이 순조롭고, 상의하달上意下達도 왜곡을 줄일 것이다. 한편 횡적 의사전달도 보다 왕성하여 다방향적 의사소통이 이루어진다.

이 같은 의사결정 과정은 참여적 의사결정이 활성화되고 전보 또는 승진, 보상, 창의성, 자율성 등 직무만족 측면에 순기능으로 영향을 미치게 될 것이다.

클린리더십의 힘

클린리더십은 리더 스스로의 수신修身이 선행될 때, 리더에게 권위가 주어지고 구성원들이 따르게끔 할 수 있는 힘이 마련된다. 결국은 직무만족을 높일 수 있는 근무환경이 조성되며, 구성원의 상·하급자 간 인간관계가 원만하고 화목하여 직무성과를 높이는 데 기여할 것이다. 무엇보다도 클린리더십이 있는 학교경영은 투명한 경영을 장양점으로 우선하기에 조직경영의 생존이 오래도록 기능하고 질 높은 교육 산출물이 오래도록 지속할 수 있다는 인증이 주어진 셈이다.

창조적 리더십에서 리더의 역할은 권력에 의존한 리더가 아니고 조타수$kybernetes$
이다. 바람의 힘과 풍향을 적절히 활용하여 거대한 배를 목적지까지 빠르고 안
전하게 항해하게 한다. 그리고 구성원의 역량을 존중하고 그 역량을 활용하여
추구하는 이상을 실현하도록 영향을 미치지만 그렇다고 만질 수도 없는 바람과
도 같다. 이 같은 리더의 힘을 창조적 리더십이라 한다.

불통리더십의 폐해

공포정치의 대명사 진시황의 통치는 혼자서 모든 것을 결정하는 스타일이었다. 그는 모든 일을 부하에게 위임하지 않고 스스로 결정했는데 하루에 결재할 문서를 저울로 달아 처리했을 정도였다. 이를 만기친람萬機親覽이라고 표현한다.

과한 사례이긴 하나 조직의 최고 리더의 잘못된 유형이 환란을 빚는다는 논담을 간접적으로 피력하고자 한다.

역대 우리나라의 대통령은 후보 시절부터 소통의 리더십을 강조해 오고 있다. 그러나 대통령으로 취임한 이후 국정 운영의 유형은 대화를 통한 인간관계의 소통이 없고 명령통치 내지는 지시 일변도의 일방향소통에 능하다. 대통령이 주재하는 국무회의나 청와대 수석 및 비서관 회의에서의 소통유형은 대통령이 지시하고 명령한 국정 방향을 배석자는 받아 적고 메모하는 오프라인 소통 실상을 언론을 통하여 자주 볼 수 있다.

대화는 상대가 있어야 하고 오고가는 쌍방향소통이어야 한다. 일방향소통은 지시와 명령에 지나지 않아 진정한 소통이라고 말할 수 없다. 그래서 일방향소통에 능한 대통령의 리더십을 불통정치라고 언론에서는 회자한다. 그리고 국민의 소통을 무시하고 국무총리 및 각부 장관도 검증되지 않은 자기 사람을 청문회에 임하게 함으로써 상당한 인사가 낙마하여 인사 참극을 빚어온 일이 빈번하게 이어져 오고 있다.

우리나라 역대 대통령은 2021년 현재 12명이다. 이 가운데 몇몇 대통령을 제외한 나머지 정부의 각부 장관들과 비서들은 어느 정도의 자율성과 창의성을 발휘하여 국정에 임했을까? 잠자코 짐작해 본다. 영혼 없는 관료들은 윗사람의 눈치를 살피기에 급급했다. 훌륭한 비서와 관료가 되는 길은 바로 통치권자의 지시와 명령을 받아 메모한 내용을 액면 그대로 수행하면 최선이었을 것이다.

어쩌면 소통을 멀리하고 권력 집중에 의한 권위주의 정부의 대통령은 전형적인 '만기친람'을 수범한 당사자로서 중앙집권적 통치 방식인 불통리더십으로 국정을 이끌어 왔기에 환란을 자초했다는 역사적 사실을 부정할 수 없다.

그러나 여간해서 큰 조직에서는 만기친람이 불가능하다. 인간의 능력은 한계가 있게 마련이고 사소한 것까지 결정하기 위해 보고하고 결심 받는 단계를 거쳐야 한다면 비상상황에서 위기대처 능력이 없어진다.

국가의 공공기관에서 만기친람은 위험할 수밖에 없다. 자칫하면 최고의 리더가 독재이거나 유사시 권력 공백이 생겨 위기 대응이 안 되는 경우에 제대로 되려면 인간적인 관계가 아닌 직무에 의한 관계 시스템 통치가 필요할 수도 있다.

이를테면 한 나라의 대통령이라면 지시와 명령보다는 각부 장관과 참모들이 스스로 일을 할 수 있도록 리더십을 발휘해야 한다. 그래서 통솔의 범위를 존중하는 관료제가 필요하다. 통솔의 범위를 벗어나는 일은 아무리 부하의 일이라도 상사가 직접 챙기게 되면 월권이 난무하여 권한남용이기도 하다. 불통리더가 존재하는 조직의 구성원은 명령과 지시에 충실히 수행하면 책무를 다하는 꼴이 된다.

세종대왕의 창조적 리더십

불통리더십과 상반되는 세종대왕의 리더십을 논담으로 제기하지 않을 수 없다. 세종대왕1397~1450은 즉위 후 2년에 집현전을 두어 정인지, 성삼문, 신숙주, 박팽년, 하위지, 최항, 이개 등 국내의 훌륭한 인재들을 모아 그들의 능력을 인정하고 자율성과 창의성을 보장해 주어 그들로 하여금 학문과 정치를 연구 하고 토론하여 유익한 서적을 만들게 하였다.

궁중에 정음청을 두어 이들 학자들의 도움으로 왕이 손수 훈민정음 28자를 창제하여 국민이 쉽고 편하게 사용할 수 있게 하였고 훈민정음해례, 동국정운, 용비어천가 등을 간행하게 하였다.

이처럼 세종대왕은 훌륭한 인물들과 좋은 인연의 틀 속에서 학문을 장려하고 과학을 발전시켜 우리 민족문화를 꽃피웠다.

세종실록에는 세종 8년에 세종대왕이 논밭에서 일하는 노비를 보고 비록 노비지만 인간이니 100일은 출산휴가를 주라고 했으며, 이후 휴가일수를 늘여 아기를 낳는 전후로 130일간 휴가를 주도록 하였다. 그로부터 4년 후에 남편에게도 30일 휴가를 주게 하여 15세기 전반에 동서고금에도 없는 출산 160일의 휴가를 주는 진보한 양육제도였다. 이 제도는 오늘날에야 그 중요성이 강조되어 출산 당사자는 물론 그 남편에게도 보육휴가를 주고 있다. 세종대왕 이후 이 제도가 계속 유지되어 왔다면 우리나라의 출산율 감소 및 인구감소의 사회적 문제를 야기하지 않았으리라 짐작해 본다.

오로지 국민을 섬기는 연민憐憫의 정신을 통치의 기본이념으로 삼은 세종대왕은 역지사지易地思之의 사고에서 우러나온 배려와 이성을 바탕으로 한 합리주의 정치를 펼쳐서 창의적인 찬란한 문화를 일구었다. 이 같은 세종대왕의 업적은 그의 창조적 리더십이 있었기에 가능했다. 세종대왕이 훈민정음을 창제하기까지의 과정은 이렇다.

1429년 세종 11년에 편찬한 『농사직설』은 지역에 따라 적절한 농법을 수록하였으며, 우리나라 실정과 괴리가 있는 중국 농사법에서 탈피하는 좋은 계기가 되었다. 그러나 농사직설 같은 책을 아무리 찍어내도 백성들이 읽을 줄 모르니 소용이 없었다. 그래서 세종은 누구나 배우기 쉽고 쓰기 쉬운 문자를 만들도록 명하였다.

그 결과 1443년 12월 마침내 새 문자 훈민정음을 완성하고 이 글이 정말 배우기 쉽고 쓰기에 편리한지 직접 시험한 뒤 1446년에 반포하기에 이르렀다. 유네스코에서는 세계 각국에서 문맹을 없애는 데 앞장서 온 사람이나 단체를 선정하여 '세종대왕상'을 수여해 오고 있다.

세종대왕의 창조적 리더십은 불통리더십과 확연한 차이가 드러난다. 학교교육이 추구하는 최고의 이상은 창의성을 구현하는 데 두고 있다. 그런데 고집불통 리더십을 지닌 리더가 교육경영에 임한다면 어떤 성과를 기대할 수 있겠는지 궁리해 본다.

한국적 민주화를 빌미로 독재정치와 권위를 앞세웠던 역대 정부의 최고 리더들은 국민들로부터 배신을 당하거나 임기를 채우지 못하고 불명에 퇴진을 당하였다. 이들의 공통점은 정부의 수반으로서 권력을 분산할 줄 모르고 집중된 권력으로 독재와 부정부패를 낳은 원심력으로 작용하였기에 창의적인 국가경영과는 거리가 멀었다. 그래서 법을 초월한 권력의 남용이 국민으로부터 심판을 받기에 이르렀다.

창조적 리더십이란

창조적 리더십에서 리더의 역할은 권력에 의존한 리더가 아니고 조타수*kybernetes*이다. 바람의 힘과 풍향을 적절히 활용하여 거대한 배를 목적지까지 빠르고 안전하게 항해하게 한다. 그리고 구성원의 역량을 존중하고 그 역량을 활용하여 추구하는 이상을 실현하도록 영향을 미치지만 그렇다고 만질 수도 없는 바람과도 같다. 이 같은 리더의 힘을 창조적 리더십이라 한다.

교육경영의 창조적 리더십

학생을 상대로 한 학급경영자인 교사와 학교경영의 최고의 리더 학교장을 비롯한 교감은 소속 구성원을 바라보는 시각을 달리해야 한다.

리더가 명령하면 옳든 그르든 따르고 복종하는 구성원이 아니며, 또 리더로부터 무엇인가 받기만을 원하는 구성원이라는 그릇된 인식을 버려야 한다. 소속 구성원은 역할이 주어지면 어떠한 교육과제도 능히 해결할 수 있는 창의적인 역량을 지니고 있는 유능한 구성원이라고 인식을 갖는 자세를 견지함이 필요하다.

이 같은 인식을 견지한 창의적인 교사는 학생들의 확산적 사고능력과 논리적이며 비판적인 능력을 갖도록 하는 역량을 지니고 있다. 창의적인 교사로부터 창의적인 역량을 전수받은 학생들은 자기주도적 학습력이 길러져서 학생 자신이 추구할 목표를 세우고 학습방법을 선택하여 문제해결력을 키우며 독창적인 아이디어를 산출할 수 있는 능력이 길러진다.

특히 학교경영에서는 리더와 소속 구성원과의 교육수준과 의식수준에서도 큰 차이가 없다. 그런 구성원들에게 리더가 지닌 권위로 강제적으로 지시하고 명령해서는 안 된다. 무엇보다도 컨트롤타워의 위치에서 리더가 지닌 권위를 앞세우기보다는 내려놓을 줄 알아야 한다. 자기를 낮추는 일은 구성원들의 자긍심과 자율성, 과제수행 역량을 존중해 주는 일이다.

이와 같은 선행요건을 갖추는 일과 함께 구성원들을 적극적으로 올바른 방향으로 유도하면서 그들이 지닌 역량이 교육력을 높일 수 있도록 결집시키는 창조적 리더 역할에 충실해야 한다.

창조적 리더는 부가가치형 리더

창조적 리더십을 지닌 학교장은 학교의 부장이나 학급 담임 및 교과 담임 등 구성원의 역량이 100이라면 그 역량을 1,000으로 확대시킬 수 있다. 100의 역량을 갖고 있는 구성원들의 역량을 오히려 50, 30으로 줄이고 있는 리더라면, 리더로서의 존재감은 자격 상실이다. 창조적 리더십을 지닌 리더는 구성원의 역량을 몇 배로 창출하는 바로 부가가치형 *value added* 리더이다.

거래적 리더십

거래적 리더십의 과정은 원하는 결과가 무엇인지를 구성원에게 주지시키며, 결과 달성에 따라 구성원이 어떤 보상을 받게 되는지 명확히 한다. 이것은 부하인 구성원에게 보상의 가치를 명확히 인식시키고 약속하는 일이다.

즉 거래적 리더십의 과정은 위의 두 과정을 통해서 구성원이 리더에게 기대된 성과를 달성하도록 지원하는 것이다. 거래적 리더십은 반복적이고 기대성과 수준이 측정 가능할 때 효과적일 것이다. 보상은 거래적이기 때문이다.

거래적 리더십은 행동적 환경의 교호작용

리더십의 이론 모형의 일반적인 공통점은 리더가 부하의 복종과 협동을 얻기 위한 효과적인 방법을 발견하도록 돕는 것과 관계가 있다. 사실 많은 연구자는 리더십을 한 리더가 어떤 행동이나 보상 또는 인센티브를 사용해서 부하, 구성원 등 다른 사람들로부터 바람직한 행동을 이끌어 낼 수 있는 과정이라고 생각한다.

그런즉 리더와 구성원 간에 본질적인 교환이나 거래가 발생하여 부하가 조직의 목표를 달성하였을 때 리더로부터 보상을 받고, 리더는 구성원의 목표 달성을 도와준다.

행동주의 심리학에서는 행동적 환경을 중요시하고 있다. 레빈의 행동적 환경은 B=f(P.E)로 개념화하고 있다. 학습자 개개인(P)의 행동(B)은 환경(E)에 영향을 받는다. 행동적 환경의 특성은 행동의 기본이 되는 욕구*needs*를 얼마나 이끌어 낼 수 있느냐의 유의성*valence*에 있다.

이 유의성은 적극적 유의성과 소극적 유의성이 있다. 행동적 환경의 개념에 의하여 리더는 강화기제가 되어 구성원에게 수행해야 할 교육과제나 목표를 설정하여 제시하면, 이를 구성원이 추진하고 좋은 성과를 가져오면 보상하는 논리이다.

본디 피 평가자는 평가자에게 인정을 받아 보상받기를 원하는 속성이 있다. 만일 좋은 성과를 가져오지 않거나 추진할 능력이 부족하면 부적 강화不的 强化를 부여하거나 소멸시키어 교육과제나 목표를 달성할 수 있도록 행동을 수정해 간다.

결국 인간의 행동은 반응-강화-자극 간의 계속적인 교호작용에 의하여 유지된다는 것이다. 그리고 그 교호작용은 행동 주체자의 일방적인 행동으로 이루어지는 것이 아니고 행동이 환경에 미치는 영향에 정비례하여 그 환경이 다시 그 행동에 상응하는 행동에 영향을 미친다.

교육경영은 레빈의 행동적 환경과 교호작용

사실 교육경영도 행동주의 심리학에서 논하는 행동적 환경의 교호작용처럼 구성원의 직무성과의 정도에 따라 리더로부터 평가를 받는다. 주어진 직무를 성실히 수행하여 교육 사업을 성실히 수행하였을 때는 근무평정에 좋은 점수를 얻는 잣대로 작용된다.

좋은 평가결과는 승진이나 영전의 기회에 반영되기도 한다. 그래서 평가의 정점에 있는 리더와 피 평가자의 위치에 있는 소속 구성원 간의 관계는 교호작용이라 할 수 있는 거래관계가 성립된다.

거래적 리더십에 관하여 김성국2003, 이화여자대학교은 밝히고 있다. 그의 논지를 존중하여 교육경영에서 거래적 리더십을 논하고자 한다.

리더는 거래적인 교환역할을 하고 있다. 리더는 구성원들이 학교의 교육활동 산출물의 질 향상, 지식기반 사회에서 살아갈 수 있는 창의적인 인재육성과 학력으로 간주되고 있는 품격 높은 인성교육 등 학교의 교육시책을 추진하도록 지원하고 있다.
즉 리더는 구성원이 이루어야 할 일이 무엇인지를 명확히 해주어 구성원의 자기개념과 자존욕구를 갖도록 배려해 준다.

거래적 리더십의 과정은 원하는 결과가 무엇인지를 구성원에게 주지시키며, 결과 달성에 따라 구성원이 어떤 보상을 받게 되는지 명확히 한다. 이것은 부하인 구성원에게 보상의 가치를 명확히 인식시키고 약속하는 일이다.
즉 거래적 리더십의 과정은 위의 두 과정을 통해서 구성원이 리더에게 기대된 성과를 달성하도록 지원하는 것이다. 거래적 리더십은 반복적이고 기대성과 수준이 측정 가능할 때 효과적일 것이다. 보상은 거래적이기 때문이다.

거래적 리더십의 특성을 명확히 하고자 몇 가지 점을 덧붙임 한다. 리더와 구성원들은 노력에 대한 교환으로써 보상을 규정하는 계

약관계이다.

예컨대 목표달성과 함께 그 성과가 보다 좋을 때, 그에 상응하는 보상을 주겠다는 약속으로부터 출발한다. 그리고 리더가 지원을 하되 잘 못한 부분만 시정 조치를 취하고 리더가 책임을 지지 않고 구성원에게 책임 의식을 갖도록 하며, 간섭을 피하고 자율성을 주며, 일의 추진과정과 의사결정권을 실제 업무 추진자인 구성원이 갖도록 한다.

교사의 거래적 리더십

교육경영에서 리더와 구성원은 어떤 관계에서 거래적 리더십이 작동할까? 학급경영은 학급 학생들에게 학급 자체 내의 해결과제와 학습을 수행하도록 권장하거나 역할을 부과한다. 담임교사인 리더는 학생들에게 공부를 열심히 하여 어느 정도 성과를 올리게 되거나 또는 목표수준의 도달 정도에 따라 어떤 보상을 한다는 약속을 한다.

이뿐만 아니라 리더는 학급에서 해결해야 할 일상적인 과제도 학급원이 자율적으로 해결하면 어떤 보상을 한다는 원칙을 제시한다. 약속의 범위와 수준은 현실과 괴리되어서는 안 되고 단기간 내에 수행할 약속 내용이어야 효과적이다. 리더는 간섭보다는 방향을 안내하고 올바르게 추진하도록 가이드라인을 제시해 주는 등 지원에 최선을 다한다. 출발 당시 약속은 반드시 지켜져야 하며, 약속에 미치지 못하였을 때는 그 요인을 찾아 반성의 기회를 갖도록 하는 일이

다음에 오류를 줄이고 약속을 성실히 지킬 수 있게 하는 피드백 조치이다.

학교장의 거래적 리더십

학교경영도 학급경영 과정과 크게 다를 바 없다. 리더는 학교 교직원과의 약속이기 때문에 출발 당시부터 추진시책을 담당하는 구성원에게 가시적인 좋은 성과를 거양하면 어떤 보상을 한다는 거래를 분명히 제시한다.

추진시책과 기대되는 성과면도 지나치게 이상적이거나 추상적이어서는 안 되고 현실을 직시하여 성공 가능성을 염두에 두고 거래해야 한다. 리더는 약속한 원칙과 방향에서 벗어나면 지도하고 시정조치를 취하기도 한다. 거래적인 약속인 만큼 추진과정과 의사결정권을 거래자에게 허용해야 한다. 이를테면 돕기는 하되 간섭을 지양하고 잘 할 수 있도록 자긍심을 심어주는 일이다.

거래적 리더의 자세

필자가 다양한 유형의 교육경영 리더십을 논하면서 단점보다는 장양점을 밝히는 것을 지향하고 있다. 그러나 거래적 리더십에 몇 가지 유의할 사항을 제시하고자 한다.

거래적 리더십은 교육시책을 밀도 있게 추진하여 성과를 거양할 수 있는 장점이 있다. 그러나 제반 교육시책을 추진하는 과정에서 구성원과의 관계를 거래적으로 관계한다면, 일상적인 추진과제와 지속적으로 추진해야 하는 당연 과제를 구성원과 거래 없이 추진할 경우에는 역기능으로 작용하게 된다. 즉 보상관계가 없기 때문이다. 따라서 추진과제의 성격과 난이도를 감안하여 상황에 따라 거래적 리더십을 선택적으로 적용함이 바람직하다.

07

변혁적 리더십

변혁적 리더는 구성원에게 비전과 사명감, 그리고 자긍심을 심어줌으로써 구성원으로부터 존경과 신뢰를 받는다. 구성원에게는 높은 수준의 기대감을 심어주고, 구성원의 노력을 집중시키기 위해 상징적인 소통방법을 사용한다. 그리고 중요한 목적을 단순한 방법으로 명료화하여 영감을 불어넣는 의사소통의 자질을 지니고 있다.

한편 구성원들에게 지성을 발휘하도록 하여 합리적이면서도 신중하게 문제를 해결하도록 격려하며, 구성원 개인에게 인간적으로 관심을 갖고 지도와 조언을 아끼지 않는다.

변혁적 리더십이란

개인이나 기업이나 국가는 하는 일에 대하여 생산성을 높이고자 투자를 늘려간다. 그 과정에서 가장 이상적인 경영은 투자에 비해 보다 높은 산출을 기대하는 것을 목표로 하고 있다.

이 같은 기대는 리더와 조직의 부하 간에 상관이 있다. 이 상관관계를 리더의 행동에 초점을 맞추어 연구한 것과 달리 일부 연구자들은 조직과 부하들에게 확실한 변화를 유도하는 변혁적 과정에 연구한 결과를 근거로 변혁적 리더십을 개념화하였다.

변혁적 리더십*Transformational Leadership*은 기대 이상의 성과를 도출해 내는 과정으로 표현된다. 김성국2003, 이화여자대학교은 변혁적 리더는 부하들에게 장래의 비전 공유를 통해 몰입도를 높여 부하가 원래 생각했던 목표와 이상을 달성할 수 있도록 동기부여 시키는 리더라고 말한다.

변혁적 리더십은 특성성과의 가치와 중요성, 성과달성 방법에 대한 부하의 지각 수준을 상승시키고, 집단이나 조직을 위한 부하의 이기심을 초월하도록 하며, 개인의 욕구 범위의 확장 및 수준 향상과 같은 내용이 포함되어 있다.

변혁적 리더십의 특성

변혁적 리더십의 특성은 다음의 네 가지로 설명하고 있다. 변혁적 리더는 구성원에게 비전과 사명감, 그리고 자긍심을 심어줌으로써 구성원으로부터 존경과 신뢰를 받는다. 구성원에게는 높은 수준의 기대감을 심어주고, 구성원의 노력을 집중시키기 위해 상징적인 소통방법을 사용하고 있다. 그리고 중요한 목적을 단순한 방법으로 명료화하여 영감을 불어넣는 의사소통의 자질을 지니고 있다. 한편, 변혁적 리더는 구성원들에게 지성을 발휘하도록 하여 합리적이면서도 신중하게 문제를 해결하도록 격려하며, 구성원 개인에게 인간적으로 관심을 갖고 지도와 조언을 아끼지 않는다.

정조대왕의 변혁적 리더십

역사상 변혁적인 리더십을 발휘하여 문민정치를 펼쳐 개혁을 꾀했던 성군이신 조선 제22대 왕 정조1752~1800의 일례를 읊고자 한다.

어느 날 할아버지 영조가 고기반찬을 멀리하는 왕세손 정조에게 이유를 물은즉, 삼남 지방의 백성이 굶주린다는 말을 듣고 "굶주리는 백성을 생각하자 마음이 측은해 차마 젓가락이 가지 않는다."라고 답했다. 이런 기록은 정조가 문민정치로 국가를 개조하여 베푸는 정치를 펼칠 것이라는 예측을 가능하게 한다.

정조는 즉위한 후 곧 규장각을 설치해 수만 권의 책을 갖추는 한편, 젊은 학자를 모아 학문을 연구하도록 했는데, 연구 중에는 누가 와도 일어나지 않게 함으로써 연구에 정진하도록 했다. 이후 규장각의 설치로 학자들은 정조의 권력과 정책을 뒷받침했으며 재위 24년간의 탕평책 실시와 개혁정치의 중심이 되기도 하였다. 친위부대가 머무는 곳인 장용영壯勇營을 설치하여 정국 운영을 군주가 완전하게 통치하였다.

그리고 정조는 새로운 국가 건설과 당쟁을 종식하기 위해 오늘날 수원성이라 부르고 있는 화성을 쌓고 천도를 꿈꿨으며 자유로운 상업 활동을 보장하고 한편으로 서얼과 노비에 대한 차별을 줄이는 등 사회 전반에 걸친 제도 개혁을 꾀했다.

이와 같은 정조의 통치 사례는 국민의 편에 서서 국민의 복리를 증진하고 국가 융성을 기하고자 변혁적인 정책을 펼쳤다.

본디 교육을 둘러싸고 있는 울타리는 변혁보다는 점진적인 변화를 추구해 온 보수적인 기관이며 일반적으로 보수성향을 지닌 구성원으로 조직된다. 반면 변화를 추구하는 교육경영에서 리더는 어떠한 리더십이 요구될까? 김성국2003이 제기한 '변혁적 리더십'을 기반으로 교육경영에 대하여 논담하고자 한다.

교사의 변혁적 리더십

학급경영의 주체인 교사는 학급원 학생 모두를 똑같은 능력과 개성을 지녔을 것이라는 가정은 금물이다. 사람들은 모든 것이 서로 다르다. 정확하게 말하면 같은 얼굴은 하나도 없다. 일란성 쌍둥이도 똑같지 않다. 얼굴뿐만 아니라, 성격과 경험도 생각도 다르다. 학급 구성원 모두는 개별적으로 특성을 지닌 성향을 지니고 있으며, 개인이 지닌 역량에 따라 문제해결력도 차별화되어 있음을 존중해야 한다.

교사의 역할은 학생 개개인의 성향과 개성을 존중하고 자율적으로 공부감을 찾아 학습을 수행하도록 동기부여에 힘써야 하고 학습 여건이 좋은 환경을 마련해 주는 일이다. 한편, 학생들이 학습에 열심히 임하면 성적을 올릴 수 있어 성취 목표에 접근할 수 있다는 자긍심을 불어넣어 주는 일에 소홀하지 않아야 한다. 학생이 어려운 학습과제에 임할지라도 직접적인 관여보다는 학습의 조력자*helper*와 코치*coach*로서의 역할에 그쳐야 한다.

변혁적 리더십에서 요구하는 교사의 역할은 구성주의 철학관에 입각한 교사의 수행 조건과도 같다. 학습자들이 지식을 구성해 나가는 과정을 경험하도록 하고 학습의 목표나 학습수행 방법의 결정권을 학생이 갖도록 하며, 학습자가 지식의 구성을 스스로 인식할 수 있도록 해 주는 일이다.

학교장의 변혁적 리더십

학교교육의 컨트롤타워의 위치에 있는 교장과 교감은 지금의 교육 실태를 진단하고 개선해야 할 문제점을 발굴하여, 이를 변화시켜야 한다는 의지가 있어야 한다. 이어 학교의 미래에 대한 비전을 설정하고 구성원이 자아실현과 같은 높은 수준의 개인적 목표를 합리적으로 능동적으로 수행하도록 동기를 부여하는 일에 소홀하지 말아야 한다.

업무를 수행하는 과정에서 일상 과업 수행에 연연하지 않고 보다 장기적인 철학을 지녀야 하며, 간섭과 지시를 지양하는 안목이 필요하다. 나아가 리더는 구성원들에게 질문을 하여 스스로 해결책을 찾도록 격려하거나 몸소 업무 현장에서 함께하기도 한다.

교육경영에서 변혁적 리더의 자세

한 가지 덧붙이고자 한다. 변혁적 리더십을 펼치는 리더는 구성원으로 하여금 자기 말을 할 수 있도록 허용적인 환경을 조성해 주는 일에 소홀해서는 안 된다. '모난 돌이 정 맞는다'는 집단주의 문화와 '대안 없는 비판은 하지 말라'고 강요하는 한국 문화는 없애야 한다. 이제는 구성원이 문제를 발견하고 소신을 발언하는 이를 존중하고 그 이야기를 경청하는 리더의 자세가 요구된다.

때문에 리엄 딜E. Diehl의 주장에 귀를 기울여야 할 필요가 있다.

"경청은 귀를 기울여 상대방의 말을 듣는 것을 말하는데, 경청하는 최고리더, 경청하는 조직원이 많으면 그 조직의 미래는 밝다. 이처럼 경청할 줄 아는 리더, 경청하는 조직원이 많으면 그 교육경영은 성공할 것이다. 내 편의 주장과 내 편의 생각보다 네 편의 주장, 네 편의 생각을 들어주는 경청의 가치를 소중히 여기는 사람이 리더의 자격이며, 그 리더는 경청한 만큼 거둘 것이다."

레프 톨스토이가 던진 명언처럼 "사람들이 변하기를 바라는 생각은 많이 하지만 내가 변하기를 바라는 생각을 많이 하지 않는다." 톨스토이의 외침과 다를 바 없이 조직의 구성원은 실제로 변화를 두려워하지만 변화의 주체는 구성원 자체이다.

변혁적 리더십은 구성원의 노력 여하에 따라 보상을 한다는 거래적인 전통적 리더십에 대한 대안인 만큼, 구성원의 목소리에 귀를 기울이고 좋은 생각을 선택하는 리더의 자세가 변혁으로 가는 길이다.

카리스마적 리더십

카리스마리더십 유형은 구성원의 정체성을 확립해 주고 구성원의 자아개념을
확립해 주어 자긍심을 갖게 해준다. 또한 구성원들과의 감정적 친밀적 리더십을
발휘하는 결과로 구성원의 정서수준이 높아지며 목표 실현에 헌신적인 노력을
기울이게 하는 효과를 가져오게 한다.

카리스마리더십이란

미국의 링컨과 루즈벨트 대통령, 러시아의 고르바초프 대통령, 싱가폴의 이광요 수상, 킹 목사, 빌리그레함 목사, 맥아더 장군, 아이아코카 사장 등 이름 높은 사람들이 각 분야에서 변혁의 주체로서 말과 행동을 통해 세계, 국가 또는 기업의 역사를 변혁해 가면서 크게 공헌한 바 있다.

이 같은 업적을 낳은 이들의 공통적인 리더십을 카리스마리더십이라 부르고 변혁적 리더십의 속성을 지니고 있다. 어떤 특정한 리더는 조직의 목적을 달성하기 위하여 부하를 동기부여 할 수 있는 예외적인 천부적 자질을 갖고 있다는 착상에서 시작한 '카리스마*Charisma*'라는 어휘는 그리스어 'Charis은혜 또는 선물'에서 유래되어 막스 베버가 처음으로 사용한 개념이다.

카리스마리더십*Charismatic Leadership*은 추종자로 하여금 불가항력적으로 따르게 하는 천부적인 리더십의 능력을 뜻한다. 리더의 카리스마적 자질은 부하들이 리더의 비전이나 가치관에 대하여 신뢰감을 갖게 하고 리더에 대해 열정적인 감정을 느끼게 한다. 변혁적 리더십의 성향을 보이면서도 강한 카리스마적 리더십을 보인 제32대 미국 루즈벨트 대통령의 리더십 유형을 살펴보기로 한다.

루즈벨트 대통령의 카리스마리더십

프랭클린 루즈벨트 대통령은 20세기의 가장 위대한 정치가 중 한 명으로 손꼽히는 인물이다. 그는 미국을 대공황으로부터 구하고 독재국가들에 맞서 연합군을 승리로 이끄는 데 일조했으며 대통령에 네 번이나 당선되었다. 더 놀라운 것은 이 모든 것을 장애인의 몸으로 이루어 냈다는 점이라 할 수 있다. 그의 리더십은 다섯 가지로 함축할 수 있다.

그는 국정을 마치 자신이 애지중지했던 요트 항해에 비유했다. 더 나은 곳을 향해 이곳저곳으로 항해를 하면서 때로는 표류하기도 하지만 결국은 원했던 목적지에 도달하게 했다. 즉 목표를 향해 상황에 맞춰 유연하게 대처하였다.

일본의 진주만 공습이 발생하기 전에 특별 사절단을 유럽에 보내 전쟁으로 인한 미국의 미래를 구축하는 데 기여했는데, 그는 정치적 성공과 생존을 위해 가족, 친구, 참모 등의 지원자들의 힘을 빌려 더 강한 리더십을 발휘했다.

상황별 교육경영 리더십

철학자이자 전쟁이 한창이던 때의 외교관이었던 이사야 베를린이 말하기를, 루즈벨트는 보통 사람들이 생각하지도 못한 기발하고 새로운 다양한 방법으로 인력을 활용하는 데 있어 뛰어난 유연성과 순발력 효과를 발휘한 대통령이라고 극찬했다. 루즈벨트는 적을 자기편으로 만드는 능력도 있었다. 이런 면에서 그의 지략과 넓은 아량을 짐작할 수 있다.

루즈벨트의 국정 운영 방식은 독특한 면도 있었다. 자신의 조언자들을 서로 대치하게 함으로써 조언자들이 주장하는 강점을 시험해 보기도 하는 등 합리적인 권한 분산을 통해 다양한 통로로 유익한 정보를 얻어 냈다. 또한 자신이 장애인임에도 불구하고 결코 좌절하지 않았다. 매일매일의 일상에서 그는 경이로울 정도의 용기와 의욕을 갖고 국정을 수행했다.

루즈벨트와 대조적인 아이젠하워 리더십

루즈벨트의 리더십 유형과는 대조적인 경우로 아이젠하워의 리더십 유형이다. 1952년 봄 해리 투르먼 미국 대통령은 다가오는 대선에서 장군 출신 아이젠하워가 이길 경우를 생각하며 이렇게 말했다.

"아이젠하워는 이 자리에 앉을 거야, 그리고 이렇게 말하겠지. 이걸 해라! 저걸 해라! 하지만 아무 일도 일어나지 않을 거야." 아이젠하워는 대통령이 되었다. 그리고 투르먼의 예언대로 자기가 무언가 결정한 뒤 그 문제가 해결되지 않은 상태로 되돌아오면 충격을 받았다.

미국 대통령 연구의 권위자인 리처드 뉴수타트는 『대통령 권력』에서 "대통령은 그 권력에도 불구하고 명령을 내리는 것으로는 어떤 결과를 얻지 못한다."고 했다.

예컨대 대통령은 명령만 해서는 아니 되고 부하가 스스로 일할 수 있도록 해야 하는 카리스마적 능력이 필요하다고 일러주는 팩트이다.

카리스마리더십의 특징

루즈벨트 대통령을 비롯한 여러 리더들이 발휘한 카리스마리더십의 특성을 박우순조직관리론, 2003은 세 가지로 정리하고 있다.

카리스마리더십은 내생적으로 부하들을 움직이게 하고 조직을 변동하게 만드는 미래지향적인 활동이다. 현상의 문제점을 인식하고 이를 극복할 수 있는 다양한 문제를 통합하고 관련된 모든 사람들을 결속시키는 협력적 노력이다.

카리스마적 리더는 비일상적인 통찰력과 능력을 가지고 있고 부하들과는 구별된 경험과 지식을 소유하며, 이 같은 특성은 리더의 비전에 일치하도록 부하들은 행동한다. 그리고 리더 자신의 이익보다는 부하들의 요구에 몰입함으로써 그들의 지지를 확보한다.

카리스마리더십은 리더가 조직의 공식적인 지위를 차지하고 있다하더라도 부하들과의 관계가 감정적인 관계를 갖고 접근한다. 즉 부하들의 능력을 신뢰하고, 흥미와 긍정적인 감정의 환경을 창출하며, 그들 자신의 역할모형이 집단목표의 가시적 상징으로 간주하게 하여 일에 대한 성공적인 경험을 하도록 만들어 주는 역할을 한다.

교사의 카리스마리더십

카리스마리더십을 적용한 교육경영에서는 가시적인 유형으로는 보이지 않을지라도 일상적으로 많이 적용한 리더십 유형이기도 하다.

학급경영의 주체인 담임교사는 학급 학생들로 하여금 교사가 의도한 목표를 성취할 수 있도록 동기부여를 소홀하지 않는다. 즉금의 학습활동이나 학급에서 해결해야 할 학급과제의 문제점을 인식하고 발전적인 개선 의지를 보이면서 학생들에게 결속력을 갖도록 독려한다. 교사의 목표가 결국은 학생 개개인을 위한다는 데 초점을 두고 있으므로 지지를 확보하기 위한 설득력을 보여준다.

설득할 방법으로 교사와 학생들 간의 감정적인 유대관계를 돈독하도록 유연한 방법을 사용한다. 학생에게 높은 기대감을 알리고 그들에게 설정한 높은 목표를 달성할 능력이 있다는 믿음을 나타내, 결과적으로 학생은 담임교사의 목표를 더욱 잘 수락하고 기대에 어긋나지 않도록 노력하기에 이른다.

학교장의 카리스마리더십

　학교경영은 다음과 같이 제기한 관점에 초점을 두고 리더십을 발휘해야 한다. 학교장과 교감, 부장, 교사와의 계층적 위계로 인하여 조직의 정보 흐름이 왜곡되는 경우도 있다. 이러한 조직 구조의 형식성과 복잡성을 지나치게 의식하는 것을 지양하고 파트너십 동료관계로서 수평적 리더십을 조성하도록 한다.

　학교장은 목표를 달성하기 위하여 구성원들의 힘이 필요하기 때문에 추진업무에 필요한 지식과 기술을 지닌 교원을 선발하여 역할을 부여한다. 선발된 교원이 조직 문화에 익숙하게 하고 그들에게 학교장이 추구하는 목표를 이해시켜 중요한 역할을 하게 한다.

　학교장은 구성원들에게 동기부여를 높이기 위하여 다양한 감정적 교류를 사용하고 구성원 개개인이나 조직의 목표를 성취하도록 도전의 자긍심을 제공하는 데 소홀하지 않아야 하며, 권한을 구성원에게 위임하거나 공정한 보상체계를 확립하는 일도 중요한 일이다. 그리고 정보관리를 효과적으로 수행하기 위하여 다양한 정보를 수집하고 조합하여 합리적인 정보처리가 가능하도록 통합적인 정보처리 능력을 갖추어야 한다.

　간과하지 않아야 할 일은 학교장은 변화를 주도하고 촉진해야 하는 자세를 지니고 있어야 함은 물론, 구성원들이 변동을 좋아하고 목표를 추구하도록 케어해주는 일이 학교장의 중요한 역할임을 명심해야 한다.

카리스마리더십의 강점

카리스마리더십 유형은 구성원의 정체성을 확립해 주고 구성원의 자아개념을 확립해 주어 자긍심을 갖게 해준다. 또한 구성원들과의 감정적 친밀적 리더십을 발휘하는 결과로 구성원의 정서수준이 높아지며 목표 실현에 헌신적인 노력을 기울이게 하는 효과를 가져오게 한다.

이는 학교장의 권위에 대한 존경을 의미하고, 학교장은 구성원들에 의하여 초인적인 자질과 능력을 갖추고 있는 것으로 인식되게 한다.

때문에 신뢰가 확보된 학교장과 함께한 구성원들은 그들 각자의 지위도 위태롭지 않고 안정되어 결과적으로는 학교조직을 공고히 하고 학교교육 활동의 성과를 높이는 데 기여한다. 오늘날에는 카리스마리더십을 '미소의 카리스마' 또는 '따뜻한 카리스마'로 부르기도 한다.

배려리더십

배려리더십은 리더 혼자 힘으로는 멀리 갈 수 없으며, 리더와 소속 구성원은 줄탁동기哱啄同機의 관계로 앞에서 끌어주고 뒤에서 밀어주는 짝짓기의 힘에 의하여 함께 더 멀리까지, 더 높이 쌓을 수 있게 하는 힘이다.

때문에 배려는 그 무엇과도 양보할 수 없는 인간의 기본 덕목이 아닐 수 없다.

배려리더십이란

"산을 만나면 길을 터주고 물을 만나면 다리를 놓아 준다봉산개도 우수탑교逢山開道 遇水搭橋."는 고사성어를 접하면, 배려라는 낱말이 우선 머리에 떠오른다.

배려consideration란 리더가 상호신뢰, 상호존경, 우애, 지원 및 소속원에 대한 관심 등의 리더의 행동을 의미하는 개념이며, 이러한 배려의 행동 특성을 바람직한 인간관계 형성에 초점을 둔 리더십을 배려리더십이라 할 수 있다.

박재린공저, 1998.은 배려와 구조화의 행동차원 특성을 기준으로 배려리더십의 속성을 다음과 같이 요약하고 있다.

배려의 행동 특성	구조화의 특성
• 부하가 일을 잘하면 칭찬을 아끼지 않는다. • 부하에게 달성할 수 있는 이상을 요구하지 않는다. • 부하의 개인적인 문제를 도와준다. • 친근감과 동료의식을 가진다. • 부하가 일을 잘하면 보상한다.	• 부하에게 구체적인 과업을 배당한다. • 직무업적의 표준을 설정한다. • 부하에게 직무요구에 대한 정보를 준다. • 팀으로 일하도록 작업일정 계획을 세운다. • 일정한 절차에 따라 일하도록 한다.

배려리더십은 배려와 구조화의 행동 중의 어느 하나만을 하는 것이 아니라 이들 두 가지 행동을 평균 이상으로 동원한다고 한다. 배려리더십은 인간지향적인 행동을 하는 유형으로 종업원중심의 리더십과 다를 바 없다. 권한의 책임 위양, 종업원의 복지와 욕구, 종업원의 발전 및 개인적인 성장 등에 대한 관심을 강조하며 부하의 욕구에 개인적인 관심을 갖고 구성원 간의 개인차를 받아들임으로써 대인 관계를 중요시한다.

배려리더십이 효능감

'배려리더십'을 뒷받침해 주는 연구도 많다. 와튼 경영대학원의 캐시 모길너*Cassie Mogilner*의 연구팀은 심리학 실험에 참가한 참가자들을 두 그룹으로 나누어 시간 사용에 대한 연구를 진행하였다.

그 결과 10분이든 30분이든 시간의 길이에 관계없이, 타인을 위해 시간을 보낸 사람들이 자신을 위해 시간을 보낸 사람들보다 시간이 더 풍성하게 남아 있는 것으로 생각했다. 또한 다른 사람을 위해 시간을 보내는 것이 자기 효능감을 증가시키고, 증가된 자기 효능감은 현재 시간을 더 여유롭게 느끼도록 한다는 결과도 확인 하였다.

즉 배려의 아름다움은 결국 자기에게로 돌아와 삶의 아름다움을 성취할 수 있다는 담론이다.

배려리더십은 몸소 수행이다

배려리더십의 실체는 '몸소 수행'이며, 배려리더십의 속성에서 제기한 배려와 구조화의 행동차원 특성에서도 잘 나타나 있다. 한편 '몸소 수행' 덕목은 웨스트민스터 대성당 지하묘지에 있는 한 영국 성공회 주교의 무덤 앞에 적혀있는 글에 잘 드러나 있다.

내가 젊고 자유로워 상상력에 한계가 없을 때

나는 세상을 변화시키겠다는 꿈을 가졌었다.

좀 더 나이가 들고 지혜를 얻었을 때

나는 세상이 변하지 않으리라는 걸 알았다.

그래서 내 시야를 약간 좁혀

내가 살고 있는 나라를 변화시키겠다고 결심했다.

그러나, 그것 역시 불가능한 일이었다.

황혼의 나이가 되었을 때

나는 마지막 시도로 나와 가장 가까운

내 가족을 변화시키겠다고 마음을 정했다.

그러나, 아무도 달라지지 않았다.

이제 죽음을 맞이하기 위해 자리에 누운 나는 문득 깨닫는다.

만약, 내가 내 자신을 먼저 변화시켰더라면

그것을 보고 내 가족이 변화되었을 것을….

또한 그것에 용기를 얻어

내 나라를 더 좋은 곳으로 바꿀 수 있었을 것을….

그리고 누가 아는가

세상까지도 변화되었을지….

이 글에 드러난 배려는 누가 시켜서, 꿈을 꾸었다고 해서 이루어지는 것은 아니다. 나 자신이 먼저 배려하는 수범의 주체가 되어야 한다는 노래이다. 내가 수범해야만 비로소 눈에 보이는 배려리더십이다.

세종대왕의 배려리더십

세종대왕의 창조적 리더십은 오히려 배려의 리더십이 기본이 되었다고 언급했다. 세종대왕은 인재활용에 최고였다고 알려져 있다. 반대쪽에 있는 사람도 필요하면 활용하고, 토론하기를 좋아했다. 또 보건행정도 굉장히 뛰어났다고 전해지고 있다. 더운 여름날에는 감옥에 있는 죄수들도 매일 발을 씻을 수 있게 항아리에 물을 넣어주고, 한겨울에는 볏짚을 따뜻하게 넣어줬다고 전해진다. 한양에는 고아들을 위한 훈육시설도 만들었다. 세종 때 시행했던 배려의 정책들이 그대로 이어졌다면 지금쯤 우리나라도 북유럽 부럽지 않은 복지

선진국이 되었으리라 능히 짐작이 간다.

선덕여왕의 배려리더십

　신라 제27대 선덕여왕 리더십은 고구려나 백제보다 무기로나 문화의 열세였는데도 불구하고 통일 주도권의 키를 가지기 위해 김유신, 김춘추 등 통일의 역군을 키웠다. 이는 왕 혼자의 힘으로 할 수 없다는 판단을 한 시대적 통찰력을 지닌 왕으로 기억되고 부하를 아끼며 인재를 등용하여 선정을 베푼 왕으로 높이 받들어지고 있는 까닭이다.

　선덕여왕이 첨성대를 건축하게 한 것도 모두 백성에 대한 연민과 역지사지의 정신으로 함축된 배려의 리더십이 있었기에 창의적이고 찬란한 창조물을 탄생하기에 이르렀다.

제주의 김만덕 리더십

　18세기 중반인 1739년, 조선 영조 15년에 제주에서 태어난 김만덕은 부모님의 사랑을 독차지하는 외동딸로 태어났지만, 전염병으로 부모님을 잃고 고아가 된 그는 양민의 신분까지 잃게 될 처지가 되었다. 하지만 만덕은 제주목사를 직접 찾아가 본래 신분이었던 양민의 신분을 되찾았다. 자신의 삶을 스스로 개척하는 적극적인 자세를 취한 것이다.

이후 그녀는 제주의 포구 가까이에 여관 구실 및 물건을 받아 사고 파는 장터인 객주를 차렸다. 작은 객주에서 출발했지만 제주 특산물인 귤과 미역, 녹용, 전복 같은 물건을 사들여 뭍사람들에게 파는 무역업을 통해 제주의 소문난 부자로 이름을 떨쳤다. '김만덕'이라는 이름이 제주라는 섬에 머물지 않고 바다 건너 뭍에까지 널리 알려진 것은 사업의 성공 때문만은 아니었다.

1792년부터 제주에는 흉년이 계속되어 굶주리는 백성들이 많았다. 이때 깊은 시름에 빠진 제주도민들을 만덕은 외면할 수 없었다. 만덕은 수십 년간 모아온 재산을 털어 전라도의 쌀 오백 섬을 사오도록 했다. 그중 오십 섬은 친족들에게 나눠주고, 나머지 사백오십 섬은 굶주리는 제주의 백성들을 살리는 데 사용하였다. 나라의 곳간도 구하지 못했던 백성들의 주린 배를 만덕이 채워준 것이다. 이때 나이 57세, 스무 살 남짓에 시작해 평생을 바쳐 모은 재산을 단 한 번에 아낌없이 쏟아 부은 것이다.

만덕의 고귀한 배려는 마침내 정조 대왕의 귀에까지 들렸다. 그녀의 공을 기특하게 여긴 정조는 제주목사에게 어명을 내려 만덕이 받고 싶은 상을 묻도록 했다. "서울에 가서 임금님 계신 곳을 뵙고, 금강산 일만 이천 봉을 볼 수 있다면 한이 없겠습니다." 국법에 묶여서 제주 여성들이 섬을 벗어나 육지 구경을 해본 여성이 없었는데, 정조는 흔쾌히 청을 들어주었고 섬 밖을 합법적으로 구경한 최초의 제주 여성이 되었다.

시대를 앞서가며 자신의 전 재산을 아낌없이 나눌 줄 알았던 김만덕은 제주를 넘어 우리나라를 대표하는 '노블레스 오블리주' 주인공으로 보통사람에 지나지 않지만 당시 그를 따르는 제주 주민이 많았고 오늘날까지 칭송받고 있는 전설적인 인물이다. 기실 김만덕은 배려리더십을 발휘한 조선시대의 여성으로서 거상이었다.

제주도에서는 조선시대 신분의 한계를 극복하고 나눔과 베풂을 실천한 김만덕 정신을 실천해 온 여성을 대상으로 김만덕 상을 2020년 현재 제41회째 수여해 오고 있다.

교사의 배려리더십

배려리더십은 교육경영에서는 어떤 유형을 보여 주어야 하는지 접근해 본다.

배려리더십을 지닌 교사는 학급경영 과정에서 학생들의 인성을 지도하기 위하여 어떤 유형으로 접근해야 할까?

교사는 학생들의 모델링*Modeling*이 된다. 선생님의 모습이 곧 학생의 모습일 것이다. 학생들에게 허용적이며 자기를 내려놓은 외눈박이 물고기 같은 선생님이 되어야 한다. 무조건 모든 것을 허용하고 내려놓는 것은 아니다. 훈육의 원칙을 선생님과 학생이 함께 정하고 그 원칙을 존중하고 허용적인 선생님이 되어야 한다. 허용의 한계 범위는 처음은 좁게, 성장할수록 한계 범위를 넓게 잡아서 일정한 한계 내에서 허용해야 한다. 그리고 그 범위를 넘어갔을 때는 학생에게 단호하게 책임을 지게 하는 선생님이 허용적인 선생님이다.

　허용적인 선생님에게서 성장한 학생은 너그러움과 관용을 배움과 동시에, 자신에 대한 책임감도 배우게 된다. 선생님이 학생과 이야기할 때는 언제나 열심히 들어주고 학생의 감정을 인정해 줌으로써 자기 존재 가치의 귀중함을 깨닫게 해준다. 이때 자신의 감정을 이해해 주는 선생님의 본을 받아서 타인의 감정을 이해해 주고 다른 사람의 감정도 공감할 줄 아는 학생으로 성장한다. 선생님은 학생의 행동을 진정으로 격려해 주고, 가치를 인정해 주며 학생의 의견을 존중해 준다. 자신을 믿어주고 존중해 주는 선생님을 접하는 학생들은 함부로 행동하지 않는다.

　이와 같은 예시는 선생님과 학생 상호 간의 '배려와 구조화의 행동 차원 특성'이 교류하기 때문이다.

학교장의 배려리더십

　학교경영에서는 학교장이 조직의 정점에서 아래를 내려다보고 지시하고 위압적인 통솔에만 집착한 리더십을 지녔다면 조직 관리에서 추구하고자 하는 직무 만족도는 낮을 수밖에 없고 학교경영의 산출물의 양과 질은 상대적으로 기대치에 미치지 못할 것이다.

　그러나 배려리더십을 경영의 기본유형으로 접근한다면 구성원 모두가 자기 효능감을 갖게 되고 일에 대한 성취감을 얻을 수 있을 것이다.

　그렇다면 학교장은 배려리더십을 어떤 유형으로 접근해야 할까? 우선적으로 배려의 행동 특성이 인프라로 자리매김 되어야 한다. 최고 경영자인 리더는 다음에서 이야기하는 외눈박이 물고기가 되어 구성원과의 친근한 동료로서 파트너십 관계에서 출발한다. 그리고 상식적인 눈높이에서의 과업성취 수준을 설정하고 협업을 통한 집단지성의 힘으로 과업을 완수할 수 있는 여건을 지원해 주어 두눈박이 물고기와 같은 리더십 유형을 갖추어야 한다.

　리더는 다양한 정보와 문제해결 자료를 제공하는 도우미와 코치로서의 역할에 충실하며 칭찬과 격려 그리고 업무 댓가에 대한 보상을 하여 업무의 구조화가 이루어지도록 한다.

　류시화1998의 '외눈박이 물고기처럼 살고 싶다'에는 이런 시구가 있다.

> 외눈박이 물고기처럼 살고 싶다
> 외눈박이 물고기처럼
> 사랑하고 싶다
> 두눈박이 물고기처럼 세상을 살기 위해
> 평생을 두 마리가 함께 붙어 다녔다는
> 외눈박이 물고기 비목처럼
> 사랑하고 싶다

외눈박이 물고기당나라 시인 노조린의 시에 나오는 비목(批目)이라는 물고기로 오늘날 '넙치'라 부르며 바다에 사는 고기 두 마리가 두눈박이 물고기처럼 살아가기 위해 함께 다녔다는 것은 배려의 마음이 담긴 아름다운 시다.

마침, 이 글을 쓰다 정신이 맑지 못하여 무심코 집어든 책, 《월간지 이코노믹리뷰(2010. 7.)》를 읽다가 다음과 같은 명구를 발견했다.

기업의 최고 경영자라면 무시하고 외면해서 안 되는 것은 "인정(人政)은 인정(人情)에서 나온다. 인정(人情)이 깊어지려면 무엇을 많이 먹여야지 인정(人情)이 살아나고 언로가 막힘없이 소통된다는 것을 알아야 한다." 그리고 "기업(企業)의 기(企)는 사람(人: 경영자, 주주, 종업원, 고객을 말한다.)의 걱정과 근심, 불안 등을 그치게 만드는 영도력, 즉 리더십(止)이 합쳐진 글자이며 '맹자에 있는 여민해락 고능락야與民偕樂 故能樂也: 백성과 더불어 즐거우면, 능히 즐거울 수 있다이다.

주요한 것은 '더불어'를 말하는 '여(與)'자다. 즐거움을 독점하지 말라는 메시지로서 "리더 혼자만 즐거우면 조직은 깨진다."는 명구로 리더와 소속 구성원은 성숙한 파트너십 단계에 이르러서야 비로소 상호 신뢰와 존경, 의무감을 갖게 되며 광범위한 측면에서 영향을 주고받는 '배려'를 함축성 있게 나타내고 있다.

즉 배려리더십은 리더 혼자 힘으로는 멀리 갈 수 없으며, 리더와 소속 구성원은 줄탁동기啐啄同機의 앞에서 끌어주고 뒤에서 밀어주는 짝짓기의 힘에 의하여 함께 더 멀리까지, 더 높이 쌓을 수 있게 하는 힘이다. 때문에 배려는 그 무엇과도 양보할 수 없는 인간의 기본 덕목이 아닐 수 없다.

가장 아름다운 배려

"가장 높은 자리, 가장 힘이 있는 자리가 리더에게 최적의 장소인 것은 아니다. 다른 사람들을 잘 도울 수 있는 자리, 그곳에 리더가 있어야 한다." 리더십 관련 베스트 셀러 작가인 존 맥스웰은 『리더십 불변의 법칙』이라는 저서에서 "리더는 타인이 성과를 낼 수 있도록 도와주는 자리이다."라고 정의한다. 이 정의를 뒷받침할 수 있는 타이타닉호와 함께 생을 마감한 에드워드 존 스미스 선장의 아름다운 배려를 이야기해 본다.

1912년 4월 10일 승객 2,200여 명을 싣고 영국 우쌤프턴 항에서 미국 뉴욕으로 향하는 타이타닉호가 1912년 4월 14일 밤에 침몰하자, 에드워드 존 스미스 선장(당시 62세)은 이성을 잃고 우왕좌왕하는 승객들에게는 공포탄까지 쏘며 질서를 유지시키면서 승객 715명을 구출하고 구하지 못한 승객 1,513명과 함께 최후를 맞았다. 그가 했다는 "영국인답게 행동하라Be Birtish"는 말은 그가 사후 그의 동상에 새겨지기도 할 정도로 유명하다.

그러나 2014년에 있었던 세월호 사태를 되새겨 본다.

경기도의 안산 단원고 학생 325명을 포함해 476명의 승객을 태우고 인천을 출발해 제주도로 향하던 세월호가 2014년 4월 16일 전남 진도군 앞바다에서 침몰했다. 구조를 위해 해경이 도착했을 때, '가만히 있으라'는 방송을 했던 선장과 선원들은 자기가 먼저 살겠다고 승객들을 버려두고 가장 먼저 탈출했다. 배가 침몰한 이후 구조자는 단 한 명도 없었다. 다만 선장과 선원들의 무책임한 정신상태가 혼돈한 상태에도 자기의 구명조끼를 벗어 어린 학생들에게 넘겨주고는 끝내 주검으로 발견된 어느 여자 승무원의 희생정신이 더욱 값있게 보이는 이유이다.

세월호 사태를 접하면서 느껴지는 것은 높은 우리 사회의 최고위층에 있는 자와 고관들 모두 '보스'가 되는 데 급급하였으며 '리더'가 되는 데는 관심이 없었다는 지적을 하고 싶다. 즉 '성과주의'의 벽에 싸여 높은 자리에 올라가는 것 자체를 목적으로 삼고 자신의 모든 역량을 집중할 뿐이었다. 세월호 사태는 우리 사회의 가진 자와 고관들이라 부르는 리더들의 도덕의식이 저급하기 그지없고 직업 윤리의식이 실종된 단편을 보여 준 실상이다.

신분에 관계없이 우리 사회 구성원 모두 도덕상의 의무와 책임을 다하고 배려의 아름다움이 가득찬 노블레스 오블리주*Noblesse Oblige* 실천이 꽃피는 조직과 사회를 소망해 본다.

도전적 리더십

도전적인 리더십은 리더가 갖는 지위권력의 힘으로 구성원이 따라오게 하지만, 다른 한편으로 구성원으로 하여금 자긍심을 갖게 하고 창의성을 발휘하도록 유화책을 사용하는 역 전략 리더십이기도 하다. 리더 스스로가 존중받고 싶다면, 구성원의 의견과 생각을 존중해야 한다는 논지이다.

속담에 '난세에 영웅이 나온다' 말은 조직 환경이 어려울 때 난국을 전환시킬 수 있는 도전적인 리더십이 필요하다는 외침인데, 이 리더십은 편협한 시각이 아니라 낮과 밤의 양면성을 안을 수 있는 힘을 지닌 리더십이다.

선지자와 임금님의 도전 이야기

'강한 장수 밑에 약한 졸개 없다'는 말이 있다. 이 말은 조직구성원이 도전적인 리더의 행동에 따라 큰 영향을 받는다는 것을 단적으로 말해주는 격언이다. 이 격언이 교시해 준 세 가지 이야기 중 '선지자와 임금님'의 이야기를 읊고자 한다.

동양의 어느 작은 나라에서 전쟁이 일어났다. 그 나라의 임금님은 이 전쟁에서 이길 수 있는지 없는지가 너무도 궁금했다. 임금님은 이름난 예언가들을 모두 불러 물어 보았다. 그러나 그들에게서 신통한 답을 구할 수 없었다. 그 때 신하 가운데 한 사람이 아주 훌륭한 선지자가 있다고 추천하였다. 임금님은 그 선지자의 집으로 말을 달려 친히 물었다. "우리가 전쟁에서 이길 것인가, 아니면 질 것인가?"

그러나 선지자는 "그것에 대하여 아는 바를 말할 수 없습니다."라고 하였다. 임금님은 분노하여 재차 물었다. 그러자 선지자는 나지막한 목소리로 이렇게 대답하였다. "임금님, 만일 제가 '이길 것이다'

라고 답한다면 아마도 임금님의 군대는 방심하여 전쟁에 질 것입니다. 반대로 제가 '질 것이다'라고 답한다면 패배에 대한 공포 때문에 임금님의 군대는 싸움 한번 제대로 하지 못하고 지고 말 것입니다. 따라서 제가 말씀드릴 수 있는 것은 현재 전쟁이 났다는 사실뿐입니다."

그 말을 들은 임금님은 조용히 일어났다. 그리고 있는 힘을 다하여 전쟁터로 말을 몰았다. 임금님은 병사들의 사기를 진작시키고 진두지휘하며 전쟁에서 최선을 다하여 이기고자 싸웠다고 한다.

도전적 리더십이란

이 이야기가 일러준 교훈은 리더에게 공식적으로 부여된 지위권력과 함께 구성원으로 하여금 자긍심을 갖도록 하고 창의적인 업무 수행을 하도록 동기부여를 하는 일이 전제되어야 하며, 리더 자신도 남다른 자존감과 창의적인 마인드가 선행되어야 함을 깨닫게 해준다. 바로 이 같은 리더의 유형을 도전적 리더십이라고 명명한다.

도전적 리더십은 리더가 갖는 지위권력의 힘으로 구성원이 따라오게 하지만, 다른 한편으로 구성원으로 하여금 자긍심을 갖게 하고 창의성을 발휘하도록 유화책을 사용하는 역 전략 리더십이기도 하다. 리더 스스로가 존중받고 싶다면, 구성원의 의견과 생각을 존중해야 한다는 논지이다.

상황별 교육경영 리더십

속담에 '난세에 영웅이 나온다'는 말은 조직 환경이 어려울 때 난국을 전환시킬 수 있는 도전적인 리더십이 필요하다는 외침인데, 이 리더십은 편협한 시각이 아니라 낮과 밤의 양면성을 안을 수 있는 힘을 지닌 리더십이다.

다음은 할 수 있다는 강한 긍정 마인드와 창의적인 사고를 밑거름하여 도전적 리더십을 발휘한 현대건설 창업주인 정주영 회장의 '비닐하우스 공법' 이야기를 빼놓을 수 없다.

불가능을 가능으로 이끈 정주영의 도전 정신

당시 정주영 회장이 추진 중인 대북사업이 한참 잘 되어갈 때, 김정일 위원장이 정주영 회장에게 "금강산 앞에 호텔을 짓는 김에 서커스장도 같이 만듭시다"라고 제안을 해왔다. 그러자, 정주영 회장은 맹추위 속에서 콘크리트를 얼지 않게 건물을 짓는 방법을 궁리했다. 가장 춥다는 러시아에서도 "한겨울엔 공사를 할 수 없다."라는 답변만 돌아왔으나 고정적인 관념을 벗어나 두 겹으로 한 비닐하우스에 히터를 틀어놓고 작업을 하였다. 비닐하우스 바깥은 맹추위이지만 콘크리트 공사를 무사히 마칠 수 있었다.

일반적으로 배를 수주할 경우에는 필히 도크에서 배를 만들어야만 했다. 그러나 그는 여러모로 궁리한 나머지 배는 도크 내에서 지어야 한다는 통념을 깨고, 세계 최초로 도크 없이 육상 건조공법을 실현했다. 이같이 현대중공업 그룹에서 불가능을 가능으로 일군 실례는 한국을 공업대국의 선진 반열에 올려놓은 가늠자가 되었으며, 정주영의 창의적 도전정신이 있었기에 가능했다.

1975년 여름 어느 날 박정희 대통령과 정주영 회장과의 청와대 만남에서 오간 이야기이다.

박정희 대통령은 "중동 사막에 엄청난 오일달러를 주체 못 해 각종 사회 인프라 건설에 쏟아붓고 있음에도 너무 더운 나라라서 일할 일꾼들이 없어 어렵다고 합니다. 그래서 우리나라의 일꾼을 보낼까 하고 행정관리들을 그곳에 보냈더니, 돌아와서 하는 말들이 너무 더워서 낮에는 꼼짝도 못하고 물도 없는 사막에서는 도무지 불가능하다고 하지만, 지금이 최고 찬스입니다."라고 하면서 정주영 회장께 당장 중동에 다녀오도록 권장했다. 그러자 정주영은 "지금 즉시 갔다 오겠다"고 한 이후, 5일 만에 다시 청와대에 들어가 박 대통령께 이르기를 "지성이면 감천이라더니 하늘이 우리나라를 돕는 것 같습니다." 하고 응답했다.

박 대통령은 "도대체 무슨 말이요?" 하고 묻자 정주영은 "중동은 건설공사하기 최고 좋은 곳입니다. 일 년 내내 비가 오지 않으니 오히려 일 년 내내 공사를 할 수 있고, 모래와 자갈이 공사현장에 널렸으니 거저입니다. 물은 어디서 실어오면 되고요, 50도 넘는 더위를 극복하기 위해 낮에 천막서 자고 밤에 일하면 됩니다."라고 답했다. 그러자 박 대통령은 즉각 비서실장에게 지시하여 현대건설이 중동건설에 필요한 모든 것을 지원해 주도록 지시하기에 이르렀다.

이후 중동 사막에서 한국의 30만 일꾼들은 낮에는 자고, 밤에는 횃불을 들고 땀방울이 빗방울이 되도록 일하여 황금달러를 캐왔다. 배고팠던 당시 대한민국의 새로운 젖줄이 되었고 희망이 되었으며, 열정적인 사막의 횃불신화는 긍정肯定의 성공횃불이 되어 세계를 놀라게 했다.

그리고 정주영 회장이 남긴 유명한 말 '해봤어?'이다. 결재과정에서 부하들이 어렵거나 불가능하다고 할 때 "해보기는 했어?"라고 되물었다. 그는 모두가 불가능하다고 할 때 그 불가능을 늘 가능하게 했던 말이다. 정주영 회장은 긍정肯定의 힘*Power Of Positive Thinking*을 일깨워 준 산 증인이다. 한편 그는 "긍정은 천하를 얻고*Positive thinking gains the whole world* 부정은 모든 것을 잃는다*Negative thinking is reduced to begging*."는 진리를 몸소 체험으로 일러준 도전적 리더십을 몸소 실천한 산 증인이다.

교육경영에서 도전적인 리더십

교육경영에서도 도전적 리더십을 요하는 경우가 있다. 학교 단위에서나 학급 단위에서 수행해야 할 교육과제가 난제이거나 여간한 노력과 지원이 없으면 수행하기 어려운 경우가 있다. 또 미처 생각하지 못하고 시급하게 해결해야 할 과제가 종종 발생하기도 한다.

이 경우에 학교장이나 담임교사는 도전의식을 갖고 업무를 수행하며, 책임이 나에게 있다는 강한 자긍심을 지녀야 한다.

한편 리더의 공식적, 합법적, 강압적 권력으로 표현되고 있는 지위권력과 함께 리더의 현명한 지혜가 필요하다. 왜냐하면 도전적 리더십이 요구될지라도 무조건적 도전적 리더십을 펼치면 바람직하지 못한 결과를 초래하기 때문이다.

지위권력만 있는 리더십은 리더가 구성원에게 기대하고 있는 목표를 알려주고 이를 추구하고자 구체적으로 관여하게 되어 지시적이고 권위주의적인 리더십으로 비쳐질 우려가 있기 때문이다.

앞서 밝힌 '선지자와 임금님' 이야기와 정주영의 '비닐하우스 공법'과 '도크 없이 육상에서 배 건조공법' 이야기가 도전적 리더십의 속성을 뒷받침 해주고 있다. 그리고 도전적 리더십을 펼친 과정에서 체계적인 커뮤니케이션과 평가, 정보의 분석, 문제해결 및 의사결정 촉진에 초점을 둔 과업지향적 유형 리더십이면서도 리더의 집단 유지에 관심을 둔 관계지향적인 리더십을 조화시킨다면 오히려 좋은 성과를 거둘 수 있음을 암시해 주기도 한다.

교사의 도전적 리더십

교육경영 리더십를 펼치는 한 분야인 교실수업에서는 담임 선생님이 일반적으로 순차적인 수업 절차를 밟아 사실지식을 전수하고 있다. 이를테면 "신라가 삼국을 통일했고, 대원군이 쇄국 정책을 썼으며, 삼국이 일본에 문화를 전해 주었습니다."를 "고구려가 삼국을 통일했으면 역사는 어떤 변화가 있었고, 대원군이 쇄국 정책을 쓰지 않았다면 우리나라는 어떻게 되었으며, 삼국이 일본에 문화를 전해 주지 않았으면 일본의 문화 발달은 어떻게 되었을까?"로 '사실을 거꾸로 생각하게 하는 수업'을 진행하는 방법도 도전적인 수업방법일 것이다.

이 도전적인 수업 방법은 다른 사람이 미처 생각하지 못한 '거꾸로 생각하게 하는 창의적인 수업'을 진행하여 학생들에게 사실·지식을 전수함은 물론 연역적인 사고와 논리적인 사고력을 신장하는데 기여한다. 그리고 학기 초에는 창의적 체험활동 교육과정 운영과정에서 개개인의 성향에 따라 동아리 활동을 선택하는 경우가 많다. 그러나 학생 개개인에게 잠재되어 있는 개성을 발굴하고자 동아리 활동을 바꾸어 선택하도록 권장하여 학생 개개인으로 하여금 다양한 경험을 쌓도록 하는 방안도 도전적 리더십을 지닌 담임 선생님의 역량에서 비롯된 것이다.

학교장의 도전적 리더십

학교경영을 총괄하는 학교장은 일상적이고 보편적으로 수행하는 교무분장의 업무처리와 학교 교육과제를 수행하는 과정에서 과거의 답습 방법을 지양하도록 하고, 수행하는 데 곤란도가 높고 보다 많은 지원이 필요한 경우에는 도전적 리더십이 요구된다. 이때에 리더는 다음과 같은 여건을 조성해 주는 일에 소홀하지 않아야 한다.

리더는 구성원 개개인이 남과 다른 생각을 하여 과제를 수행할 수 있다는 스스로의 능력에 믿음을 갖게 하는 일이다. 복잡하고 모호한 과제는 골치 아픈 문제라고 생각하여 회피하지 않고 오히려 그것에 즐겨 도전의식을 갖게 하는 일이다.

그리고 리더는 구성원에게 시간과 기간이 소요되더라도 기다려주는 넉넉한 마음을 갖고 해낼 수 있으리라는 강한 믿음을 갖게 해준다. 그리고 과제해결 과정에서 야기되는 문제 사태에 대하여 뒤집어 사고하여 해결할 수 있도록 하는 등 입체적인 업무추진력을 길러주도록 지원하는 일에도 소홀하지 말아야 한다.

리더(Reader)리더십

독서를 통하여 나만의 새로운 '판'을 짤 수 있는 '오리진'다운 리더Reader리더십은 책 속에서 얻은 다양한 이상을 조직의 비전으로 구축하여 소속 구성원과 진솔하게 소통하고 배분하여 조직을 변화시키는 힘이다.

"내 인생의 리더Leader가 되기 위해서는 리더Reader가 되어야 한다."는 독서의 힘을 몸소 보여준 스티브 잡스는 국가와 개인의 운명을 바꾸는 주인이었다.

임어당이 외친 독서의 가치

1976년에 작고하기까지 다양한 주제에 대해 자신의 생각을 거침없이 펼친 중국의 문장가 임어당은 "책을 읽지 않는 사람은 시간적으로나 공간적으로 자기만의 세계에 갇혀 있다. 즉 책을 읽지 않는 사람의 생활은 어떤 틀에 박혀 있다. 그 사람과 접촉하여 이야기를 나누는 것은 극히 소수의 친구에 국한되며, 보고 듣는 것은 거의 신변에서 일어나는 사소한 일뿐이다. 그리하여 그는 이 감금상태에서 벗어날 길이 없다. 그러나 한번 책을 들기만 하면 사람은 곧 별천지에 들어가게 된다. 만일 그 책이 양서라면 독자는 곧 세계 인류의 이야기꾼 한 사람과 만나게 되는 것이다. 책 속에 길이 있다. 길이 없다고 헤매는 사람의 공통점은 책을 읽지 않는 데 있다."고 독서의 가치를 힘주어 외쳤다.

독서는 21세기 리더의 자산

때문에 무엇인가를 읽는다는 것은 중요하다. 독서를 통해서 우리는 지식을 축적할 수 있기 때문이다. 우리가 말을 하거나 글을 쓸 때 축적된 지식이 없으면 할 말도, 쓸 것도 없게 된다. 또 어떤 주장을 할 때 반드시 그 주장에 대한 적절한 근거가 제시되어야 하는데, 알고 있는 지식이 없으면 근거를 제시하기가 어렵고, 더불어 자신이 하려고 했던 주장이 힘을 잃게 된다.

따라서 리더는 책 속에 담겨 있는 지혜를 리더십의 자산으로 삼아야 지식과 기술 혁명을 주도하는 21세기 리더의 자격일 것이다.

리더Reader리더십의 속성

'리더Reader리더십Leadership'은 '책을 읽는 자의 리더십'이다. '리더Reader리더십'을 소개한 까닭은 2011년 광주도시철도공사 기술개발연구팀에 근무하고 있는 서영숙의 경영독후감 우수작의 표제 '리더Reader가 리더Leader가 된다'의 표제를 빌려와 '리더Reader리더십'이 교육경영 리더십의 한 유형으로 명명해도 괜찮다고 감히 주장해 본다.

리더는 지혜가 가득 담긴 책을 소화하여 시대적 변화에 대한 통찰력을 누구보다 빨리 파악할 수 있고, 파악된 통찰력은 시대에 부합된 이상적인 비전을 제시하는 데 남다른 안목을 가질 수 있다. 이 안목은 다양한 콘텐츠를 빨리 확보하여 다른 사람에게 영감과 감화를 줄 수 있는 자원으로 작용한다.

따라서 '리더Reader리더십'은 다른 유형의 리더십이 가장 간과하기 쉬운 지식과 정보 그리고 철학이 담긴 인문학적인 장점을 지닌 리더십이 아닐 수 없다.

서상진 저 『오리진이 되라』에서는 '오리진Origin'를 '스스로 처음이 되는 자'라고 정의하면서 처음이 되는 자는 어떤 물건을 만들고 발명하는 사람만이 아니라 자신이 하는 일에 새로운 개념을 가지고 자신만의 '판'을 짜는 모든 사람을 일컫고 있다. 이 책의 핵심은 창의력을 키워서 새로운 판을 짤 수 있는 '오리진'이 되라는 가르침이라고 소개된 책이다.

이 책의 독자 서영숙은 사랑, 컨셉, 관점 세 낱말이 기억된다면서, 그 까닭을 다음과 같은 독후감으로 정리했다.

사랑은 내가 사랑하고자 하는 대상에 집중하면 그것만 보이게 되고, 전에 볼 수 없었던 것들도 보이지 않는 것들도 남들이 보지 못한 것들을 볼 수 있는 새로운 힘이 생기고 이것이 곧 창조로 연결된다. 그래서 사랑은 집중력을 불러일으키고 이 집중력은 오리진이 되기 위한 실행의 열쇠가 되는 것이다.

컨셉은 사람들에게 자신 안에 있는 상상력을 꺼내주기 때문이다. 좋은 컨셉은 사람을 생각하게 만드는 힘이 있고 사람들은 상상력을 꺼낼 수밖에 없다는 것이다. 모든 조직과 개인의 운명을 바꾸기가 쉽지 않은 것은 그들의 운명을 바꿀 만한 가치 있는 컨셉을 정하지 못했기 때문이다.

이를테면 항상 최저 가격을 약속한다는 월마트, 신발이 아닌 승리를 판다는 나이키는 일반 사람들에게 '월마트=최저가격', '나이키=승리'라는 컨셉으로 강하게 자리 잡았다.

관점을 변화시키는 것, 이것이 곧 혁신이다. 태풍 앞에 무참히 떨어져 버린 90%의 사과를 보고 낙망하고 있을 때 남은 10%의 사과를 보고 새로운 고수익 부가가치를 창출했던 일본 아오모리의 합격사과, 남자 무용수만으로 백조의 호수를 연출한 매튜 본 등은 전형적인 관점 변화의 성공사례다.

이들의 성공담은 의지나 기술로는 성공할 수 없는 종류의 솔루션을 담고 있다. 바로 관점을 변화시켜 혁신을 이루었다.

독서로 얻은 서영숙의 세 낱말은 벤치마킹 즉 '따라하기' 방식은 이제 그만 버리고 오리진이 되어 이제 퓨쳐마킹*Future Marking*하여 미래에도 통할 놀라움을 스스로 만들어 내는 리더*Reader* 리더십의 유형에 대한 아이템을 제시해 주고 있다.

리더Reader리더십이란

예컨대 독서를 통하여 나만의 새로운 '판'을 짤 수 있는 '오리진'다운 리더Reader리더십은 책 속에서 얻은 다양한 이상을 조직의 비전으로 구축하고 소속 구성원과 진솔하게 소통하고 배분하여 조직을 변화시키는 힘이다.

이 같은 의미를 지닌 리더Reader리더십을 펼친 역사적 인물들을 탐색해 보면 독서의 힘이 얼마만큼의 에너지원이 되었는지 새삼 느껴진다.

역사적 인물들의 리더Reader리더십

미국 역사상 가장 위대한 대통령으로 추앙받고 미국을 해방시킨 에이브러햄 링컨은 농사일을 비롯해 선원 등 온갖 직업을 전전하면서도 책을 손에서 놓지 않았다. 독학으로 측량기사, 변호사 자격까지 취득하였고 마침내 미국의 제16대 대통령이 되었다. 그는 "책을 두 권 읽은 사람이 책 한 권 읽은 사람을 지배한다."라는 명언을 남기기도 했다.

한편 학교에 다닌 동안 꼴찌를 도맡아 했던 윈스턴 처칠은 『제2차 세계대전』이라는 책으로 노벨 문학상까지 받았는데, 그는 매일 5시간 이상 책을 읽었고 특히 문학과 역사 관련 책을 탐독했다. 그는 역사상 가장 위대한 총리가 되었는데, "책을 많이 읽을 수 없다면 최소한 만지기라도 해라", "책을 많이 읽는 게 중요한 것이 아니라 읽은 내용을 얼마나 자기 것으로 소화해 마음의 양식으로 삼느냐가 중요하다"라고 주장하기도 했다.

남북한 간의 긴장 관계를 완화하고 북한을 개혁과 개방으로 유도하기 위해 햇볕정책을 펼치고 한국인 최초로 노벨평화상을 수상한 우리나라의 15대 김대중 대통령은 소학교 시절 세계문학전집을 완독하였고 늘 책을 손에서 놓지 않았다. 고졸이면서도 독서로 학력 콤플렉스를 극복했고 유신 시절 정치적 박해로 교도소에 수감되었을 때 하루 10시간씩 독서한 힘은 마침내 네 번의 도전 끝에 대통령이 되기까지의 자양분이 되었다.

그는 이렇게 말했다. "독서는 정독하되, 자기 나름의 판단을 하는 사색이 필요하다. 그래야 저자나 선인들의 생각을 넓게, 깊게 수용할 수 있다"고 말했다.

밤을 지새우면서 사서삼경을 백 번 읽고 백 번 썼다는 조선 4대 세종대왕은 어릴 때부터 글 읽기를 좋아하고 몸이 쇠약해지도록 공부만 하자 이를 걱정한 태종이 책을 모두 거둬들였다고 할 정도로 세종은 공부벌레였다.

어느 날 심심해서 방 안을 거닐던 세종은 병풍 뒤에 숨어있던 책을 발견하고는 기뻐서 껑충껑충 뛰었다고 한다. 세종은 유학 경전뿐만 아니라 어학, 역사, 천문, 음악, 의학 등 여러 방면에서 전문가 이상의 지식을 쌓았다. 경서는 모두 100번 읽었고 경서 외의 책들은 30번씩 읽었다. 그가 셋째 아들이었음에도 불구하고 왕위에 오르고 훈민정음 창제, 집현전 설치, 민본정치 실현 등 문화의 융성을 일궈 내며 역대 국왕 중 가장 찬란한 업적을 남기게 되는 기반은 그의 독서량에서 나온 것이다.

세종은 "고기는 씹을수록 맛이 난다. 그리고 책도 읽을수록 맛이 난다."라고 하였다.

2014년부터 지금까지 세계에서 가장 존경받는 남성 1위로 자리매김하고 있고 세계 최고의 부자인 빌게이츠의 비결은 독서에 있었다. 그는 "오늘의 나를 있게 한 것은 우리 마을 도서관이었다.", "하버드 졸업장보다 소중한 것은 독서습관이다.", "인간에게는 한계가 있지만, 그 한계를 뛰어넘는 것은 독서이고 탁월한 삶을 꿈꾼다면 독서하라"고 하였다. 지금도 그는 평일에는 최소한 매일 밤 1시간, 주말에는 3~4시간 독서에 몰입한다고 한다.

세계적인 투자의 귀재이자 자선사업가인 워런 버핏 역시 매일 새벽에는 《월스트리트 저널》을 정독하고 시간의 80%를 독서에 할애하고 있으며, 책상에는 컴퓨터는 없지만 책장에는 백과사전이 꽂혀있을 정도로 독서광인 그는 "인생을 바꿀 수 있는 위대한 비책은 독서다."라고 귀감이 된 말을 남겼다.

이 외에도 존경받고 추앙받은 수많은 독서가가 많다. 18세기 실학사상을 집대성한 우리나라 최대의 실학자이자 개혁가로서 개혁과 개방을 통해 부국강병을 주장한 인물이며 500여 권의 저술을 남긴 다산 정약용을 빼놓을 수 없다. 초등학교 졸업도 못하고 문제아로 낙인찍힌 발명왕 토마스 에디슨, "나는 하루라도 책 없이 못 산다."는 미국 33대 토마스 제퍼슨 대통령, 미국 현대사의 가장 훌륭한 대통령으로 자리매김한 미국 제44대 오바마 대통령 역시 국민의 편에 서서 정치를 할 수 있었고 인류애를 강한 리더십으로 선정善政하게 된 기반은 독서가 큰 힘이 되었다고 하며, 의심스러울 만큼 자그마치 수천 톤의 책을 읽었다고 한다.

이들 독서가는 독서를 통하여 감화를 받고 자기 꿈을 일구는 계기가 되었다는 공통점이 있다. 그리고 이들은 정치와 경제, 사회사업가로서 리더십의 정체성을 확립하고 비전을 설정하는 데 독서가 큰 자원으로 활용되어서 결국에는 큰 족적을 남기게 되는 에너지였다.

교육경영의 리더Reader리더십

그렇다면 교육경영에서 책을 읽는 리더는 어떤 유형의 리더십을 펼쳐야 할지 궁리해 본다. 책보다 좋은 스승은 없다. 인간은 독서를 통해 자기 성찰을 하고 새로운 아이템을 찾는다. 교육경영의 리더 역시 독서에서 교육의 해법을 얻을 수 있다. 교육경영의 리더는 독서로 얻은 자산으로 끊임없는 자기변화와 자기혁신을 추구하는 데 보탬이 된다.

그 보탬은 교육을 변화하게 하는 자원으로 작용되어 교육의 미래를 이야기해 준다. 특히 학교장과 교실수업을 담당하는 교사는 한국교육의 미래를 선도하는 교육경영의 리더이다.

필자는 2017년 대학에서 역사교육 강의를 한 적이 있다. 강의 관점은 역사교육 자체도 중요하지만 역사의식을 일깨워 주는 데 초점을 두었다. 역사를 바라보는 시각과 역사를 해석하고 해설하는 능력이 있어야만 앞으로 이들이 교육현장에서 좋은 역사교육을 할 수 있기 때문이다.

마침 필자는 초등학교 지역화 사회과 교과서를 주관하여 발행하기도 하고 국가수준 교과서를 집필하는 기회가 많았다. 이 과정에서 보다 수준 높은 역량을 갖추기 위해 나름대로 한국사와 향토사 등 다양한 서적을 구입하여 탐독하고 사적자료 및 각종 문화재 자료를 수집하여 간추리고 파일로 정리하였다.

이렇게 갖추어진 배경지식은 보다 좋은 교과서를 집필할 수 있었고 동료 집필자에게도 역사를 바르게 보는 눈을 일깨워 주는 역할도 할 수 있었다. 필자가 학습하여 얻는 역사 관련 콘텐츠는 역사의식을 일깨워주는 유익한 강의가 되는 자원으로 작용했다. 아는 것만큼 보이고 아는 것만큼 나눌 수 있다는 교훈을 되새기는 계기가 되었다.

교사가 독서를 통하여 얻은 지혜는 무엇보다도 학생들의 꿈을 심어주고 키우는 자원으로 활용할 큰 자산이 된다. 또한 교사가 독서를 하여 얻는 자산은 가르치는 방법의 콘텐츠로 적용이 되고 좋은 교육을 할 수 있도록 역량을 높이는 유익한 반석이 되기도 한다. 필자는 학교에 재직할 시 교육전문 도서를 비롯한 많은 인문학 도서를 수시로 접하여 얻게 된 새로운 수업기법과 생활지도 기법은 교직 교양을 높이는 자원이 되었기에 지금도 감사하다는 마음을 경험담으로 전하고 싶다.

학교장의 리더Reader리더십

학교경영에서 책을 읽는 학교장은 어떤 리더십 성향을 보일런지 정리하고자 한다. 책에는 다양한 지식과 지혜가 담겨 있다. 때문에 책을 통하여 인생에서 필요한 상식과 지식을 얻게 되어 개인의 배경지식을 튼튼히 해준다. 필자는 늘 책을 손에서 놓지 않는 편이며 읽는 기쁨으로 살아간다고나 할까?

필자는 평소 학교장이 변해야 학교가 변한다는 신념을 경영관의 기본으로 삼았다. 필자가 학교장으로 재직할 시 월 1회 교직원 종회를 갖고 매월 1회씩 교직원 연수를 갖는다. 이 모임에서는 학교장이 마무리하는 경우가 많다.

이때 학교장은 '무엇을 하라' 그리고 '요구사항은 무엇이다'를 직접적으로 지시하고 명령하지는 않았다. 필자가 평소 읽고 메모해 둔 독후감록을 소개하거나 안내하는 방법으로 전달하고 싶은 의견을 피력하였다.

학교장이 소속 구성원에게 지시와 명령으로 일관하는 일방소통이 아니고 설득하고 이해시키는 쌍방소통 과정이었기에 소속 동료들은 따뜻이 받아주었고 학교장의 주문에 대한 피드백 효과도 있었다고 판단되었다.

더불어 필자가 접했던 다양한 장르의 책들을 읽고 얻어진 자료와 새로운 생각들을 학교교육과정운영계획 수립에 적용하여 앞서가는 교육프로그램을 창출하는 데 도움이 되었다.

이와 같은 일련의 과정은 학교장 입장에서 상황에 따라 적용한 리더*Reader*리더십 스타일을 나름대로 적용한 사례이다. 리더*Reader*리더십은 동요가 없는 가운데 소리 나지 않고 학교장의 내면에서부터 시작되어야 하는데, 그 시작은 독서가 에너지원이었다.

독서량이 많은 개인은 국가와 개인의 운명을 바꾸는 주인

국민의 독서량은 국가 발전 속도에 비례한다고 한다. 책을 읽는 사람은 선행적 삶을 살고 미래를 읽을 수 있다. 책을 읽지 않으면 뒤처진 삶을 살 수밖에 없다고 한다. 가까이는 독서를 통하여 세상을 바꾼 리더*Reader*가 있다.

사과와 IT를 접목하여 미국의 매킨토시 컴퓨터와 애플 아이폰을 창조한 스티븐 잡스, 아니 그를 상징하는 '다르게 생각하라*Think Dif-*

ferent'는 세계의 문명과 역사를 바꾼 계기가 되었으며, 고정관념을 깨트린 '사고의 전환*Paradigm Shift*' 그 자체였다. 스티븐 잡스의 위대한 사고는 독서에서 캐어낸 큰 자산이며. 이 자산은 스티븐 잡스가 펼친 리더십 유형의 축이 되었다.

그는 비록 일찍 이 세상과 결별하였지만 "내 인생의 리더*Leader*가 되기 위해서는 리더*Reader*가 되어야 한다."는 독서의 힘을 몸소 보여주신 분이었기에 책을 가까이하여 얻은 지혜는 국가의 부를 축적하고 개인의 운명을 바꾸었으며, 정보혁명의 주인이 될 수 있었다. 그래서 그는 뒤로 밀리지 않고 정진하는 세기의 인물로 기억되고 있다.

12

설득리더십

설득리더십은 리더가 바라는 목표를 달성하고자 의도적으로 다양한 방법의 커뮤니케이션을 통하여 소속 구성원들의 지식, 감성, 행동을 변용시키기 위한 리더십이라고 개념 짓고 있다.

설득의 능력은 컨트롤 타워의 정점에 위치한 사람일수록 반드시 지녀야 할 필요한 덕목이다.

설득이란

설득이란 무엇일까? 사람의 마음을 움직여 자발적으로 따르게 하는 것이다. 그런데 사람을 움직이게 하는 힘들에는 어떤 것들이 있을까? 물론 사람을 움직이게 하는 힘은 돈, 물리적인 힘, 명령과 권위 등이 있을 것이다. 하지만 이것들은 자율이 아니고 강제이다. 오로지 마음을 움직이게 하는 것이 진정한 의미의 설득 능력일 것이다.

이 설득 능력은 요즘 사람들이 말하는 소통 내지 공감 리더십이다. 설득 능력은 예나 지금이나 공동체와 조직의 지도자라면 꼭 지녀야 할 자질임에 틀림이 없다.

일반적으로 직장에서 하는 일의 8할은 설득에 의하여 이루어진다고 한다. 소기의 목적을 달성하기 위하여 설득 상대가 어떤 사람인지 알고 그에 맞게 설득한다면 이길 일만 남게 되는데, '적을 알고 나를 알면 백전백승'이라는 논리와 다를 바 없다. 이는 설득리더십이 작용했기 때문이다.

설득리더십이란

　설득리더십은 리더가 바라는 목표를 달성하고자 의도적으로 다양한 방법의 커뮤니케이션을 통하여 소속 구성원들의 지식, 감성, 행동을 변용시키기 위한 리더십이라고 개념 짓고 있다. 설득의 능력은 컨트롤 타워의 정점에 위치한 사람일수록 반드시 지녀야 할 필요한 덕목이다.

설득의 힘

　설득의 힘은 불가능을 가능으로, 그리고 일의 범위와 속력을 제측하는 마력이 있다. 이를 뒷받침할 증거로 미국의 정치학자이자 실천적인 조언자인 리처드 E. 뉴스타트*Richard E. Neustadt: 1919~2003*의 저서『대통령의 권력』에서 개인의 실질적인 영향력을 발휘하기 위해서 저자인 뉴스타트가 최우선적으로 제시하는 조건은 권위나 조직력 같은 좀 더 권력과 어울릴 법한 어떤 것이 아니라 바로 '설득력'이라고 주장했다.

　그는 "대통령의 덕목으로 권위나 조직력이 아니라 설득력을 제시하고, 대통령은 국민이 봉사를 요구할 수 있는 사무원일 뿐이다. 서로의 이익을 위해 일을 성사시키고 정책이 상대방에게 도움이 된다고 설득하는 이해관계의 조정자"라고 단언했다.

김대중 대통령의 설득리더십

우리나라 대통령 가운데 김대중 전 대통령은 국정의 위기가 닥칠 때 대처하기 위하여 설득의 리더십을 펼쳤던 분이다. 김 전 대통령은 사상 첫 수평적 교체를 이룬 '국민의 정부'를 유지하기 위해 설득과 통합의 리더십을 앞세웠다. 김 전 대통령은 출범 전 'DJP(김대중+김종필) 연합' 동반자인 김종필 전 자민련 총재를 국무총리로 임명했으나 야당 반대로 인준 안이 국회를 통과하지 못했다.

이때 김 전 대통령은 김 전 총재를 총리서리로 임명한 후 야당을 설득해 8개월 만에 정식 총리로 만들었다. 또 2002년 연이어 장상, 장대환 총리 후보자가 낙마한 이후 보수진영을 고려해 야당과 가까운 김석수 전 대법관을 지명해 야당 지지를 얻어 냈다. 대통령의 권력은 설득력에서 나온다는 결론이 도출된 사례이다.

설득의 상호관계는 수평관계

정치 분야는 아닐지라도 교육경영에서도 역시 최고 리더는 설득의 리더십이 필요할 경우가 많다고 할 것이다.

필자도 평교사 시절에는 학교장이나 교감으로부터 학교교육 시책을 추진하는 과정에서 설득을 당하거나 오히려 관리자를 상대로 그렇지 않다는 설득을 해야 할 경우도 종종 있었다.

인간이 하루에도 한 번씩은 누군가를 설득하거나 설득 당하고 살아간다. 조직 생활은 설득 과정의 연속일 수도 있다.

때문에 조직에서 역량을 갖추고 살아가기 위해서 설득하는 능력은 큰 자산이 아닐 수 없다. 만일 설득을 당하는 과정에서도 설득해오는 방법이 감성적인 상호작용 방법이 아니고 권위적이고 감성이 없는 일방향 통행방식의 명령인 경우에는 역반응이 잦을 수밖에 없다. 관리자 입장에서는 소속 구성원과의 관계를 무조건적인 상하관계로 규정하고 '수행해야 한다'는 일방향적인 의사소통은 강요가 우선일 뿐이지 진정한 설득이 아니다.

그래서 설득을 잘하기 위한 방도를 다음과 같이 제기한다. 우선 리더와 소속 구성원의 관계가 계층 관계가 아닌 상호 협력하는 수평적인 동료 관계로 인식되어야 마땅하다. 이어 조직의 생존을 보장하고 조직의 목표 달성을 위하여 리더의 힘만으로는 안 되고 구성원의 협력이 전제되어야 한다.

따라서 구성원의 협력을 얻고자 할 때는 다음과 같은 설득의 능력을 필요로 한다. 설득의 능력을 켄 블랜차드*Ken Blanchard*가 해답을 던져주고 있다. "말하지 않은 좋은 생각은 좋은 생각이 아니다."라고 했다.

오늘날은 말을 잘하는 사람이 성공하는 시대이다. 말의 핵심은 설득이다. 말은 곧 성공을 부르는 무기이다. 설득 잘하는 능력을 가진 이와 그렇지 못하는 이는 인생에서 큰 이익과 손해를 각각 경험하고 살아가는 경험이 있으리라 본다. 그러니 설득은 살아가는 모두가 익혀야 할 생존기술이기도 하다. 사랑을 하려 해도 설득이 필요하다.

설득의 다섯 가지 능력

설득을 잘하는 능력은 어떻게 갖추어질까? 설득 잘하는 사람은 타고나는 게 아니며, 조금만 노력하면 누구나 이 능력을 갖출 수 있다. 켄 블랜차드는 크게 다섯 가지 능력으로 구분하였다.

첫째, 계산된 시나리오를 준비하는 능력은 설득의 절반을 이루는 중요한 요소이다. 설득의 성공률은 이미 설득에 들어서기 전에 얼마나 준비했는가에 의해 기본적으로 결정된다. 준비된 자는 과반을 이기고 있는 것이다.

둘째, 말을 재미있게 하는 이야기꾼다운 자질이다. 입만 화려한 달변이기보다 적절한 인용문 사용과 논리와 감성을 조화시키는 말이 필요하다. 무미건조하게 메시지만 전달해서는 설득에 한계가 있다. 상대의 귀를 쫑긋 세우고 내 이야기에 몰입되도록 만들어야 한다.

셋째, 말을 잘 듣는 능력은 우리가 가장 쉽게 간과하는 요소이다. CNN의 진행자인 래리킹은 '대화의 제1규칙은 경청'이라고 했다. '당신이 타인의 말에 귀 기울이지 않으면, 그들도 당신의 말에 귀 기울이지 않는다'고 잘 듣는 것의 중요성을 강조했다. 말 잘 듣는 것은 상대를 이해하고 상대의 주장을 파악하는 데 필요하며, 제대로 들어야 제대로 반박하고 제대로 공략해서 제대로 설득시킬 수 있다.

넷째, 과감한 베팅과 타이밍을 잡을 수 있는 능력은 설득에서의 감각이다. 빠른 눈치와 과감한 결단력과 승부수가 설득의 성공을 높이는 데 주요한 변수가 된다. 협상에서 더더욱 요구되는 능력이다.

다섯째, 신뢰를 줄 수 있는 능력은 설득이 일방적 콤플렉스인 이익이 아니고, 일회적인 싸움으로 끝나는 것이 아니기에 필요한 능력이다. 신뢰를 주지 못하고서는 상대를 설득시키기 힘들다. 아무리 좋은 조건이라고 해도 상대가 미덥지 않으면 불안하기 마련이다. 안타깝게도 거짓말을 잘하는 사람들은 신뢰를 눈속임하는 잔재주를 구사한다는 것이다.

교사의 설득리더십

설득 능력을 교육경영에서는 어떻게 실제화할 수 있을까?

담임 선생님이 학급의 소속 학생들을 대상으로 설득을 하는 데 있어서 문제해결 주체가 담임 선생님뿐만 아니고 소속 학생과 동반자라는 수평관계를 인식시키는 일이 우선되어야 한다. 그리고 학생을 대상으로 수업이나 학습에서, 생활지도에서 설득할 내용이나 설득의 방법 등에 대하여 치밀한 준비가 되어야 한다. 치밀한 준비는 과반을 성공하는 셈이다. 준비가 이루어진 이후에는 설득의 나머지 능력을 실천에 옮겨야 한다.

학교장의 설득리더십

학교경영자도 이와 다를 바 없다. 학교장이 회의를 주재하거나 협상을 할 때, 의견이 갈리어 있는 구성원을 하나로 이끌어서 문제와 갈등을 효율적으로 해결할 수 있는 설득 능력이 필요하다.

이를테면 교육시책을 추진하기 위하여 전 구성원이나 특정 교직원을 대상으로 설득하는 과정에 설득 시나리오를 마련하여 순차적으로 소통이 이루어져야 한다. 상대가 설득의 목표가 되는 추진시책을 먼저 이해하게 하고 과제해결에 참여한다는 공감대를 이끌어 낸다면 과반은 성공하는 셈이다.

학급의 담임 선생님 또는 학교장은 설득 대상자에게 진솔한 생각이 논리적으로 전달하는 과정에 감성을 자극하여 설득에 몰입하도록 한다. 한편 리더는 설득할 최적한 타임을 선택하여 적극적인 설득을 펼쳐야 한다. 이때 설득의 대상자는 리더의 설득에 대하여 진지하게 경청을 하고 합리적 판단을 하며, 이에 대한 적절한 반응을 해야 마땅한 자세이다.

때문에 리더와 설득 대상자 모두 신뢰성을 갖도록 하는 일이 중요하다. 서로가 믿음이 부족하면 설득은 미완에 그치고 만다.

설득을 잘하기 위한 처칠의 CREAM 논리

지금까지는 설득 잘하는 능력을 큰 범주에서 살펴봤다면, 이제부터는 작은 범주에서 살펴본다. 설득을 위한 말하는 재주에서의 스킬이다. 설득을 위해서는 크림만 제대로 사용하면 된다. 무슨 크림이냐고?

처칠이 정리한 설득력 있는 문장 구성 공식인 CREAM은 Contrast 대조, Rhyme운율, Echo반복, Alliteration두운, Metaphor은유를 말한다. 먹는 아이스크림이 아니라, 설득하는 재미가 있는 처칠의 크림이다.

　대조는 어떤 대상을 상반되는 사물과 대조하여 강렬하게 표현하는 것이다. 상반된 것을 대조시킴으로써 보다 명확하게 설득의 메시지를 전하는 것이다.

　운율은 랩퍼의 프리스타일 랩에서도 드러난다. 같은 말이라도 운율을 가지고 말하면 듣는 이도 쉽게 몰입된다. 그리고 강조할 대목에서 운율을 조정하여 강조라는 사실을 더욱 두드러지게 할 수 있다. 반복은 중요한 메시지를 반복함으로써 상대에게 설득의 메시지를 더욱 강조하는 것이다. 다만 정확히 계산된 반복으로 메시지를 강조해야지, 이미 했던 이야기 그 자체를 반복하는 느낌으로 다가가서는 안 된다.

　두운은 글귀의 첫머리에 같은 음의 글자를 되풀이해서 쓰는 음위율音位律의 한 가지이다.

　은유는 원관념은 숨기고 보조관념만 드러내어 표현하려는 대상을 설명하거나 그 특질을 묘사하는 표현법이다. 노골적으로 드러내는 직유와 달리 은근히 숨겨진 듯 드러내는데, 은유의 말 속에 메시지가 숨어있는 언중유골이 될 수 있는 것이다. 물론 처칠의 CREAM이 영어권에 맞는 방법이긴 하지만, 우리말에서도 보편적으로 적용될 수 있다. 설득은 논리로 하는 것이다.

설득의 여러 방도

그런데 논리 외에 다른 것을 가지고 설득하는 방법도 여러 가지 있다. 먼저, 권위로 설득하는 방안이다. 명사나 석학, 전문가의 얘기에는 함부로 반박하지 못한다. 그들의 권위에 눌려 무조건 받아들이기 때문이다. 권위는 설득에서 중요한 힘이 된다. 상대가 누구냐에 따라 같은 말이라도 메시지의 힘이 달라지기 마련이다.

권위로 설득하기를 실행하려면, 설득의 자리에 권위가 있는 전문가를 데리고 가든가, 아니면 권위가 있는 사람의 주장이나 논리를 인용하여 설득하는 방법이 있다. 겁줘서 설득하기도 있다. 이는 엄밀히 말하면 설득이 아니라 강요이다. 하지만 상황에 따라서는 이것도 설득의 방법이 되기도 한다. 분위기로 설득하기도 있다. 분위기를 조성해서 설득되도록 유도하는 것인데, 논리가 미약할 때 사용할 수 있다.

감동으로 설득하기도 있다. 상대의 감성을 자극하여 설득을 유도하는 것이다. 이 또한 논리가 미약할 때 사용하기 좋다. 물론 이 모든 방법은 차선책인 것이고, 최선책은 결국 논리로 정당하게 설득하는 것이다. 논리가 통하지 않는 사람과의 대화라면 차선책이 우선일 경우가 많다.

설득리더십의 전략

설득리더십이 실천되는 방안으로 가장 중요한 것은 신뢰관계의 전략이다. 담임 선생님은 학급 학생들을 대상으로, 학교장은 소속 구성원들을 대상으로 무엇보다도 신뢰관계를 형성하고 이를 지속적으로 유지하기 위해서는 여러 가지 조건이 필요하다. 누구를 신뢰하고 어디까지 신뢰해야 하는가를 결정하는 것은 결코 쉬운 일은 아니다.

따라서 조직 관리에서 리더가 대상자를 설득할 때 가져야 할 몇 가지 신뢰관계의 전략을 염두에 두어야 할 것이다.

먼저 구성원들이 리더에게 신뢰를 갖도록 긍정적인 충고나 모범적인 유형을 보여준다. 신뢰받는 리더라면 정직한 유형을 보상하고 불신의 유형을 역보상한다.

리더는 권력을 남용하지 않고 구성원들에게 관심을 가지면서 공평성을 유지하는 일이다. 그리고 리더는 구성원들에게 요구하는 바를 분명히 하여 협력을 요구하고 그들이 스스로 행동하게 하는 일이다.

섬기는 리더십

자리가 높을수록 책임감을 강하게 느끼고 자신을 낮추어야 한다. 자신의 자리
보다 자신을 더 높이 과시하려는 허영은 과잉대우를 지속시켜 구성원을 종속시
킨다.

이와는 달리 추종자로 하여금 리더에게 종속을 벗어나 추종자의 성장을 돕는
리더십이 섬기는 리더십이다.

섬기는 리더십

자리가 높을수록 책임감을 강하게 느끼고 자신을 낮추어야 한다. 자신의 자리보다 자신을 더 높이 과시하려는 허영은 과잉대우를 지속시켜 구성원을 종속시킨다. 이와는 달리 추종자로 하여금 리더에게 종속을 벗어나 추종자의 성장을 돕는 리더십이 섬기는 리더십이다. 미국의 리더십 전문가인 조셉 자브로스키의 저서 『리더란 무엇인가?』에서 "리더가 하는 가장 중요한 선택은 바로 사람들을 섬기는 데 있다"고 했다.

섬기는 리더십을 이론으로 정립한 사람은 그린리프*Robert K. Greenleaf*인데, 그는 1970년 "『섬기는 리더*The servant as leadership*』라는 책을 출간하면서 섬기는 리더십을 학문적으로 정립시켰다. 자신을 낮추어 팀을 최고로 이끄는 일명 '서번트 리더십'은 급변하는 현대사회에서 권위적이고 이기적인 리더가 아닌, 봉사하고 헌신하는 리더가 팀과 조직, 사회를 가장 효과적으로 이끌 수 있다.

섬기는 리더십 모형

섬기는 리더십servant leadership은 종servant과 리더leader가 합쳐진 개념이다. 종과 리더는 서로 반대되는 개념이라고 볼 수 있으므로 섬기는 리더십은 역설적이라고 할 수 있다. 종래의 리더십이 전제적이고 수직적인 데 비해 섬기는 리더십은 추종자의 성장을 도우며 팀워크와 공동체를 형성하는 리더십이다. 위대한 리더는 먼저 종이 되어야 한다. 다시 말하면 남을 돕는 일을 먼저 해야 한다는 것이다.

섬기는 리더의 특징과 내용은 다음과 같은 모형으로 개념화 할 수 있다.

특 징	5-Point Star
• 남의 말을 잘 듣는다. • 남에게 동정심을 갖는다. • 남을 치유한다. • 깨닫는다. • 설득한다. • 개념화 능력이 뛰어나다. • 예지능력이 뛰어나다. • 청지기로서의 삶을 산다. • 다른 삶을 성장시키는 데 몰두한다. • 공동체를 형성한다.	• I: Inspire 　(영감: 다른 사람에게 영감과 감화를 줌) • S: Support 　(지원: 정서적, 물질적, 정신적 지원) • T: Train 　(훈련: 앞선 기술, 핵심 능력) • A: Acknowledge 　(인정: 개인과 팀의 노력과 결과를 인정) • R: Reward 　(보상: 유형의 보상과 기쁨, 자긍심, 팀 정신은 　무형의 보상)

섬기는 리더의 특징과 내용은 안과 밖이 구분되지 않는 "뫼비우스 띠Mobius Strip 농악에서 상모를 돌릴 때 그려 내는 연속된 동그라미의 모습"처럼

섬김*Servanthood*과 지도*Lead*가 부단하게 이어져서 나와 네가 함께하는 공동체를 아우르는 리더십을 의미하기도 한다.

섬기는 리더십은 리더가 의도한 목표를 구성원과 공유하고 부하들의 성장을 도모하면서, 리더와 부하와의 상호 간의 신뢰를 형성시켜 궁극적으로 조직성과를 달성하게 한다. 그리고 리더가 부하를 섬기는 자세로 그들의 성장 및 발전을 돕고 조직 목표 달성에 부하 스스로 기여하도록 하는 데 초점을 둔다.

교육경영에서 섬기는 리더십

오늘날에 와서는 교육경영에서 학교의 주인인 학생을 섬기는 리더십이 더욱 필요로 한다. 학생들이 관리자와 교사보다 인간적으로 더 존경받고 귀하게 대접받게 하는 일이 결코 아니다. 학교 관리자와 교사들은 학생들의 생각과 행동을 주도해서는 안 되고 그들의 생각을 인정하며 그들의 생각을 키우고 그들이 발산하고 있는 자율적인 행동을 섬기는 데 있다. 학생들을 섬기는 것은 다름이 아닌 학생중심 교육과정을 편성하고 그들이 꿈을 만들어가도록 케어하는 일이다.

결국 학생들의 바람직한 성장과 발전을 정진하도록 케어하는 과정일 것이다. 섬기는 방법의 첫걸음은 학생의 수준과 진로에 맞추어 교육과정을 편성하고 학생들이 선택하도록 하는 일이다. 그래야만 학생들이 학교에서 본인의 진로에 맞는 교과를 선택하고 좋아하는 학습 분야를 지향할 수 있기 때문이다.

또 다른 방법으로는 학생회 중심의 자치활동이 보장되어야 한다. 학생들의 의견을 수렴할 때는 학급회-학생회-대의원회 등의 절차를 거쳐 제시하도록 하고, 동아리 활동, 축제 등의 창의적 체험활동을 주도적으로 수행하도록 지원한다. 그리고 등하교 지도 및 점심 식사와 저녁 식사 시간 등을 자치적으로 운영하도록 하면 오히려 질서와 규율을 존중하는 습관을 형성하게 되고 자율역량을 키워주는 계기가 될 것이다.

관리자와 교사들은 잘 가르치고 즐겁게 학습할 수 있는 행정적인 지원과 재정적인 지원에 충실하고 학생이 학교의 주인으로서 교육활동의 주체가 되도록 학습풍토를 조성해 주는 일이다.

매년 연례행사로 이루어지고 있는 소풍, 수학여행, 학교교육활동 성과발표회도 학생들의 의견을 수렴하여 그들의 끼와 개성이 드러날 수 있도록 하는 창의적인 체험활동을 지원하는 일도 한 방법일 것이다.

학급담임과 학교관리자는 각각 학급 학생과 학교 교직원을 상대로 섬김의 인간관계를 유지해야 진정한 섬기는 리더십이다. 인간관계에 초점을 둔 섬기는 리더십은 전체적 리더십과 비교할 때 뚜렷이 파악할 수 있다.

전체적 리더십	섬기는 리더십
• 명령계통에 따라 지시하달 • 사람(구성원과 학생)을 목적 달성을 　위한 수단으로 인식 • 수직적이고 명령 계통 • 복종하고 수동적인 추종자 • 첫 출발: 사람을 리드하는 것	• 의사소통 등 상호작용을 통한 　이해 증진 • 사람(구성원과 학생)을 목적으로 인식 • 수직계통이 붕괴되고 평등 관계 • 학생과 구성원의 자기성장, 소속감과 　만족감 증진, 창의력 존중 • 첫 출발: 사람을 섬기는 것

학급담임은 학생들에게, 학교관리자는 교직원을 상대로 수행과제의 목표를 공유하고 성과를 거둘 수 있도록 머슴의 입장에서 낮은 자세를 취하고 지원하여 그들이 학교교육의 목표 달성에 스스로 기여하도록 하는 데 있다.

노자의 섬기는 리더십

이미 노자老子는 그의 저서 도덕경에서 섬기는 리더십을 설파했는데, 그가 설파한 섬기는 리더십 자체가 교육경영의 리더가 지녀야 할 리더십일 것이다

"사람들이 그의 존재를 느끼지 못할 때 그는 가장 훌륭한 리더라고 할 수 있다. 사람들이 그에게 복종하고 갈채를 보낼 때 그는 훌륭한 리더에서 이미 멀어지기 시작한다. 진정 훌륭한 리더는 가급적 말을 적게 하면서 조용한 가운데 목표에 도달함으로써 그의 임무를 다하는 사람이다. 목표가 달성되었을 때 사람들은 말할 것이다. '우리 모두가 해냈다'고 말이다."

노자가 『도덕경』에서 섬기는 리더가 지녀야 할 자세 세 가지를 밝히고 있다.

첫 번째 가르침이다. "강과 바다가 온갖 계곡의 왕이 될 수 있었던 것은 아래에 처해 있기 때문이다"라고 했다. 가장 낮은 곳에 있는 강과 바다는 계곡에 흐르는 모든 물을 받아들인다. 이를테면 왕은 인간사회의 위에서 군림해서가 아니라 가장 아래에 위치하여 모든 백성들의 고뇌와 아픔을 다 받아들일 수 있고 백성들의 속사정을 헤아릴 수 있어야 진정한 왕이다. 리더는 가장 낮은 곳에서 수요자의 고뇌와 아픔을 다 받아들이고 이를 헤아려야 한다. 이 같은 리더가 섬기는 리더십의 본이 된다.

섬기는 진정한 리더가 되려면, 강과 바다처럼 자기를 낮춘 리더가 되어야 한다. 구성원의 위에 머무르고자 하는 리더라면 반드시 구성원을 섬겨야 하며 구성원의 앞에서 설치거나 권위를 자랑하기보다는 반드시 구성원의 뒤에 서서 지원하거나 겸양해야 한다. 섬기는 리더는 구성원에게 부담을 주지 않고, 구성원에게 해를 주지 않는다. 그렇기 때문에 모든 구성원은 이 같은 리더를 오히려 추켜올리고 리더를 따르게 된다.

두 번째 가르침이다. "사람을 잘 부리는 자는 상대에게 자신을 낮춘다. 사람을 잘 부리는 것이란 상대의 진정어린 지원을 받는 것이다. 억지로 부리는 것은 잘 부리는 것이 아니다. 남을 잘 부리려면 자신을 낮추어야 한다."

예컨대 아름다운 하아모니를 연출하는 지휘자는 섬기는 리더이며, 그렇지 않은 리더는 지배자일 것이다.

세 번째 가르침이다. "물은 남에게 이로움을 주고 남과 다투지 않고 부딪치며 돌아간다上善若水 夫唯不爭상선약수 부유부강." 그렇다. 물은 낮은 곳으로 향하여 가되, 늘 낮은 곳에 위치하며 겸손하다. 물이 흐르는 것처럼 다스리는 리더가 가장 잘 섬기는 리더일 것이다.

오케스트라 지휘자와 같은 섬기는 리더

섬기는 리더십은 오늘을 살아가는 지도자에게 적합한 리더십이라고 볼 수 있다. 피터 드러커*Peter Drucker*는 "오늘날 기업의 최고경영자*CEO*는 대학 총장이나 병원장, 또는 오케스트라 지휘자와 같은 자세로 일하는 것이 필요하다"고 역설했다. 현대 조직에서는 모든 작업이 상호연결 및 통합과정을 통해 중간 조정자의 역할이 줄어들고 수직적이고 복잡한 피라밋 조직이 플랫 조직*flat tissue*; 평평한 조직이 되면서 사람들의 '권한을 부여'시키는 유형인 섬기는 리더가 가장 훌륭한 리더이다.

추종자들이 리더의 존재를 느끼지 못할 때라야 섬기는 리더일 것이며, 섬기는 리더의 존재를 이렇게 표현하면 어떨까? "꽃향기는 백 리를 가고 사람향기는 만 리를 간다화향백리 인향만리花香百里 人香萬里."

우리학교의 교장 선생님, 우리학급의 담임 선생님의 사람향기가 교정과 교실을 지필 때 학생을 섬기는 인간교육이 이루어질 것이다.

14

현실참여리더십

리더십은 리드해야 할 사안을 단순히 머리로 이해하는 것만으로는 충분하지 않다. 이해한 바를 스스로 행동으로 옮기고 실천할 수 있어야만 진정한 리더이다. 그런 의미에서 현실참여 리더는 선도해야 할 과제에 대한 이해를 초월하여 행동하게 만드는 의지가 체화되어 있다. 그리고 현실참여 리더는 용기있는 자세를 필요로 한다.

이와 같은 현실참여 리더가 지녀야 할 여러 속성을 융합할 때, 현실참여리더십은 경영 현장에서 실제 발생하는 어려움을 마주하면 이해에 머물지 않고 해결 방도를 모색하고자 실제 행동에 옮긴다.

이때 리더는 다양한 어려움에 직면하더라도 경영현장에 참여한 구성원과 함께 슬기롭게 해결할 수 있다는 용기있는 자세가 필요 덕목이다.

현실참여 리더는 현장을 찾는다

저자는 온라인 매체를 통하여 후진국이나 전쟁의 폐허로 인하여 기아와 질병에 시달리고 있는 애들이나 난민을 돕기 위하여 위문 활동을 벌이고 있는 자선 활동가나 단체들을 자주 접한다. 이들은 이념에 치우치지 않고 실제 현장에서 자신의 헌신과 희생으로 그들의 아픔과 함께하기를 주저하지 않는다. 한편 내가 살고 있는 아파트의 어느 주민이 가끔 단지 내의 널브러진 쓰레기나 휴지조각 등을 몸소 치우는 모습도 접한다. 이분의 활동 이후 아파트 주민인 저자도 동참하는 계기가 되었다. 누가 일부러 부탁하지 않아도 앞선 소개한 분의 환경 미화 활동에 감화를 받은 주민의 수가 늘고 있음을 감지할 수 있었다. 어느 한 사람이 현장에서 보여준 행동은 다른 사람의 생각과 행동에 영향을 미치는 모방학습으로 작용한다.

문재인 대통령은 2017년 5월 11일 취임 후 스승의 날인 5월 15일 '찾아가는 대통령 두 번째 시리즈'로 서울 양천구에 소재한 은정초등학교 '미세먼지 바로 알기 교실'을 찾아 학생과 학부모로부터 미세먼지 문제의 심각성을 듣고 관련 대책을 발표했다. 문 대통령은 이 자리에서 노후발전소 10기는 임기 내 모두 폐쇄하고 폐쇄 시기도 최대한 앞당기겠다고 하면서 석탄발전소의 전면 개편을 선언하고 초·중·고등학교 1만 1,000곳에 미세먼지 측정기를 설치하겠다는 뜻을 전했다.

문 대통령은 국민과 약속으로 내세운 공약을 실현하고자 현장을 찾아 문제점을 진단하고 해결책을 밝히는 문 대통령의 '현실참여리더십'의 단면을 소개한 것이다.

현실참여리더십이란

리더십은 리드해야 할 사안을 단순히 머리로 이해하는 것만으로는 충분하지 않다. 이해한 바를 스스로 행동으로 옮기고 실천할 수 있어야만 진정한 리더이다. 그런 의미에서 현실참여 리더는 선도해야 할 과제에 대한 이해를 초월하여 행동하게 만드는 의지가 체화되어 있다. 그리고 현실참여 리더는 용기있는 자세를 필요로 한다.

이와 같은 현실참여 리더가 지녀야 할 여러 속성을 융합할 때, 현실참여리더십은 경영 현장에서 실제 발생하는 어려움을 마주하면 이해에 머물지 않고 해결 방도를 모색하고자 실제 행동에 옮긴다.

이때 리더는 다양한 어려움에 직면하더라도 경영현장에 참여한 구성원과 함께 슬기롭게 해결할 수 있다는 용기 있는 자세가 필요 덕목이다.

간디의 현실참여리더십

인도의 정신적 지도자 마하트마 간디의 행적을 탐색하다 보면 사회 참여적인 리더십을 펼친 리더라는 사실을 쉽게 파악할 수 있다.

인도와는 환경과 문화가 다른 영국에서 3년 동안 공부에 열중하여 마침내 1891년 변호사 시험에 합격하였다. 그 후 인도로 귀국한 그는 뭄바이에서 변호사 생활에 활동했지만 인정을 받지 못했다. 그러던 중 남아프리카에 있는 인디아계 압둘라 회사에서 초청을 받고 이 회사에서 마련해 준 일등칸 표를 갖고 기차에 올랐다. 그를 발견한 역무원은 간디에게 짐칸으로 옮길 것을 권유했으나 꼼짝도 하지 않자, 그들은 경찰관을 불러 간디를 기차 밖으로 끌어내고는 짐도 밖으로 던져버렸다.

이를 경험한 간디는 남아프리카에 사는 인도인들의 인권을 위해 싸우기로 했다. 이 사건이 간디의 운명을 바꿔놓은 계기가 되었고 비폭력투쟁 인권운동의 도화선이 되었다.

그의 이 같은 비폭력 인권운동은 국경을 넘어 세계가 주목하는 인류 인권운동으로 조명을 받았다. 1915년 남아프리카에서 생활을 마치고 간디는 영구 귀국하여 남아프리카에서 함께 온 사람들과 아슈람이라는 공동체를 만들었다. 그는 아슈람을 통해 자신의 의지대로 생각하는 무소유의 공동체를 만들어 나갔다. 특히 그는 인도의 최하층의 신분인 불가촉천민들을 아슈람에 들어와 살도록 했다. 아슈람에 들어온 사람들은 누구나 일을 해야 했고, 계급에 상관없이 똑같이 월급을 받았다.

간디는 농민해방운동을 펼치고 이메다바드의 방직노동자 파업을 지원하는 등 비폭력 저항운동을 구체화하였다. 세계 제1차 대전 중에는 연합군으로 참전한 영국에 협조하였다. 그러나 전쟁이 끝나자 간디가 인도의 자치정부를 원했지만 영국은 약속을 어기고 오히려 인도의 자유를 제한했으며 재판 없이도 투옥할 수 있는 콜래트 법안을 통과시켰다. 그러자 간디는 영국에 대한 비협조 운동을 전개하기로 하고 전국적인 파업을 주도해 나갔다. 또한 인도의 독립과 국민의 권익, 하층계급의 인권을 위한 수많은 행진을 지속하였다.
그 결과로 1947년 인도는 200년간의 식민제국에서 독립하였으나 간디가 그토록 바라던 통합된 인도의 독립은 이루어지지 않고 이슬람교를 믿는 파키스탄과 힌두교를 믿는 인도가 분리 독립되었다.

간디가 종교를 뛰어넘는 통합된 인도를 열망하였음에도 그 과정에서 카스트제도를 부정하는 간디의 모습을 못마땅하게 여긴 힌두교의 광신자 나투람 고두세에 의해 1948년 1월 30일 피살당하고 말았다.

위대한 영웅은 제 죽음을 예측이나 하였는지 1월 26일 자신의 친구에게 "내가 만약 광신자의 총탄에 맞아 죽게 된다면 나는 웃으면서 갈 것이다. 그런 일이 있더라도 결코 눈물을 흘리지 마시오."라고 말했다.

그는 향년 76세의 일기로 라마, 라마 신의 이름을 부르며 저세상으로 갔다. 그는 현실사회에 몸소 참여하여 국가 독립을 위해 비폭력 불복종운동과 인권운동과 국민 평등을 위해 평생을 받쳐 신에 가까운 추앙을 받아오고 있다.

테레사 수녀의 현실참여리더십

사회참여리더십을 일군 마더 테레사 수녀가 있다. 1940년 인도의 거리는 어디를 가나 난민들이 넘쳐흘렀다. 그들은 아무도 보살핌도 받지 못한 채 굶주림과 병마에 죽어갔다. 그 당시 인도는 영국으로부터 독립을 하였지만 독립의 기쁨도 잠시 종교적, 정치적으로 복잡한 상황에 맞물려 전쟁과 투쟁이 벌어지고 사람들은 서로 질시하고 반목하였다.

이때 테레사 수녀는 인도 여인 중 가장 가난하고 미천한 사람이 입는 흰색 사리를 입고 가난한 아이들을 가르치는 일 외에 병든 사람을 간호하고 죽음이 임박한 사람들이 보살핌을 받으며 인간답게 죽어갈 수 있도록 집을 지어 주었다. 미혼모의 고아를 위한 집이 만들어지고 나병환자들이 모여 재활의 기회를 마련할 수 있는 마을이 생겼다. 처음에는 그녀의 행동을 반신반의하며 바라보던 카톨릭 교단과 인도 정부도 그녀의 헌신적인 봉사와 박애를 인정하지 않을 수 없었다.

도처에서 그녀를 돕기 위해 사람들이 하나둘 모여들기 시작했고 마침내 1950년 테레사 수녀를 중심으로 '사랑의 수녀회'가 결성되고 후원단체도 생기게 되었다. 1970년 노벨평화상을 받은 시상식에도 평소같이 흰색 사리와 늘 신는 샌들 차림이었다. 그녀는 상금을 받으면서도 "이 돈으로 빵을 몇 개쯤 살 수 있을까?"라고 묻기도 했다.

그녀는 이 상금을 가난한 사람을 위해 모두 썼고 시상식 만찬을 거부하고 그 비용으로 가난한 사람을 도와달라고 했다. 그녀는 죽음을 맞이하면서도 더 나은 의료시술을 거부한 채 자신을 돌보았던 환자들과 똑같은 치료를 해 줄 것을 원했다. 지금까지도 세계인들은 그녀가 이 땅에 남기고 간 위대한 사랑에 대한 숭고함을 애도하고 있다.

교사의 현실참여리더십

현실참여리더십은 학교경영과정에서 어렵지 않게 수시 발휘해야 하는 경우가 잦다. 학급담임 교사는 인성교육이나 생활지도 과정에서 현실교육에 동참하여 이루어진 경우가 많다.

이를테면 담임교사는 학생들을 상대로 질서지도가 매일 거르지 않고 이루어지고 있다. 이럴 때 복도를 통행하거나 계단을 오르내릴 때 담임교사가 먼저 우측통행을 하는 수범을 보여야 한다. 학생들에게 책상 위의 책들을 가지런히 정리 정돈하라고 지도할 때는 교사가 사용하고 있는 책상 위의 책들을 먼저 가지런히 정리 정돈된 상황에서 지도해야 교육적으로 훨씬 전이 효과가 있을 것이다.

　교육이 이루어지고 있는 현장에 교사 자신이 함께 참여하여 동일한 교육적 행동을 수범하는 것이다. 학생들이 현장에서 체험학습을 수행하거나 탐구학습이 이루어지는 경우, 여럿이 오락을 즐기거나 힘을 모아 하는 일에도 교사가 직접 참여하여 학생과 똑같은 학습을 하는 리더십이다.

　즉 교사는 학생들과의 관계에서 지시하고 명령하는 계층적 관계를 탈피하고 학생들이 즐겨하는 일, 어려운 일, 슬픈 일, 다양한 학습 등 교육이 이루어지고 있는 현장의 문제해결에 직접 참여하는 리더십이다.

학교장의 현실참여리더십

　학교경영의 정점에 있는 관리자가 소속 구성원과 함께 학교 울타리를 벗어나 당면하고 있는 교육과제와 교육을 지원하는 외적 교육환경과 교육기관에 직접 참여하여 교육문제를 해결하는 주체자로 또는 지원자로서의 역량을 발휘하는 리더십이다. 공식적인 조직에서 통솔과 명령의 계통을 벗어나더라도 교육이 이루어지고 있는 교육현장에 직접 참여하여 문제해결을 리드하기도 한다.

다음은 오래전에 새 학기를 맞이한 부산 용문초등학교에 재직한 김종식 교장 선생님 자기의 생각을 정리한 글인데, 현실참여리더십의 속성이 잘 나타난 원안을 소개한다.

"걱정하는 모습으로 아이들의 체온을 살피는 인턴 선생님들과 우리 선생님들, 비닐봉지와 집게를 들고 운동장, 화단 구석구석에 버려진 휴지를 줍는 아이들, 별이 내리는 뜰에서 아침 일찍부터 풀을 뽑는 선생님, 화단 구석구석의 잡초를 낫으로 베는 행정실 직원들, 시간마다 복도를 둘러보고 떨어진 휴지를 보고 안타까워하는 부장 선생님들, 화장실 휴지통 주변에 늘 흩어져있는 휴지를 손으로 줍는 선생님들, 아침부터 학교 교육활동에 정신없이 움직이는 선생님들, 학교환경을 늘 걱정하고 학교를 둘러보는 선생님들, 학교 철학을 만들기 위해 새롭게 주어지는 업무에 기쁨으로 동참하는 선생님들, 용문빛깔 축제를 설계하며 준비하는 선생님들, 언제나 학교를 사랑하는 마음으로 건설적인 의견으로 학교교육에 동참하는 선생님들, 사랑과 애태움으로 가르치는 일에 혼신을 다하는 우리 선생님들, 급식소에서 특별실에서 자신에게 주어진 역할에 최선을 다하시는 모든 분들, 조심스럽게 학교교육에 접근하며 소중한 의견을 주시는 품위 있는 우리 학부모님들, 새로운 학기를 맞아 새로운 학교 질서를 만들어 가는 용문가족들의 모습이다."

위대한 교육자 페스탈로치의 묘비에 쓰여진 말이다. "사랑은 나눌 때에 배가 되고 슬픔은 나눌 때에 반감이 된다." 그렇다. 페스탈로치의 묘비의 글을 실천으로 다가서면 현실참여리더십일 것이다.

강점을 살리는 리더십

강점을 살리는 리더십은 조직원의 성공을 거둘 수 있도록 조직원을 적재적소에 배치하는 능력이 필요하다. 리더라면 조직원이 어떤 유형의 사람인지 파악해서, 그의 강점을 살릴 수 있는 일을 맡겨야 한다. 오리에게는 아무런 잘못도 없다. 오리에게 하늘 높이 올라가 높은 곳에서 사냥하라고 요구해서는 안 된다. 오리는 애초부터 그런 일을 해낼 수 없다.

우리 인간들은 누구나 각자의 강점에 따라 각자의 역할이 있음을 일러주는 역설이다.

오리는 독수리가 될 수 없다

댈러스 신학교 총장, 찰스 스윈돌은 그의 저서 『한창때 강하게 성장하라』에서 다음과 같은 원칙을 제시하고 있다. "열심히 노력하고 올바로 가르치면 오리를 독수리로 변화시킬 수 있다고 오랫동안 믿었다. 잘못된 믿음이어서, 내 노력은 별다른 성과를 거두지 못했다. 나는 그런 믿음을 쉽게 떨쳐내지 못했다. 나는 누구나 배울 수 있다고 믿었던 것이 사실이다. 따라서 나는 내 오리들을 독수리 학교로 보내는 실수를 되풀이했다. 그러나 이제는 그런 실수를 반복하지 않는다."고 했다.

그 이유는 무엇일까? "오리는 수영을 잘했다. 오히려 선생보다 수영 실력이 뛰어났다. 하지만 오리는 날기 과목에서 겨우 낙제를 면했고, 달리기에서는 형편이 없었다. 너무나 늦게 달렸기 때문에 오리는 수영마저 포기하고, 수업이 끝난 후에도 학교에 남아 달리기를 연습해야 했다. 그 때문에 물갈퀴가 달린 발이 찢어져서 수영마저

'보통' 수준으로 떨어졌다. 그러나 '보통'이면 합격이기 때문에, 오리를 제외하고는 누구도 그 문제를 걱정하지 않았다."

오리는 독수리가 될 수 없다. 오리는 독수리가 되기를 바라지 않는다. 오리의 강점이 수영이므로 필히 수영으로 평가받아야 정당하게 평가를 받을 수 있기 때문이다. 오리는 수영을 잘하는 능력이 강점이며 팀을 이루어 함께 이동하는 탁월한 팀워크 능력을 지니고 있어서 협동하여 일하고 무리 지어 함께 먼 거리를 여행할 수 있는 능력이 탁월하다. 그러나 독수리에게 헤엄을 치거나, 수천 킬로미터를 이동하라고 하면 혼란에 빠져 어쩔 줄을 모른다.

강점을 살리는 리더십이란

강점을 살리는 리더십은 조직원의 성공을 거둘 수 있도록 조직원을 적재적소에 배치하는 능력이 필요하다. 리더라면 조직원이 어떤 유형의 사람인지 파악해서, 그의 강점을 살릴 수 있는 일을 맡겨야 한다. 오리에게는 아무런 잘못도 없다. 오리에게 하늘 높이 올라가 높은 곳에서 사냥하라고 요구해서는 안 된다. 오리는 애초부터 그런 일을 해낼 수 없다. 우리 인간들은 누구나 각자의 강점에 따라 각자의 역할이 있음을 일러주는 역설이다.

개인의 강점은 학력보다 능력이다

한국직업능력개발원(2018.2.6.)에서 《국제 비교를 통해 살펴본 한국 노동시장의 개인 역량과 고용률의 관계》 보고서에 따르면, 우리나라에선 학력이 높을수록 고용과 시간당 임금이 상승했지만 자기가 가진 강점인 역량이 높아져도 고용률이 증가하지는 않았다는 것이다. 보고서는 개인보다 조직을 중시하는 한국기업 특유의 위계적 문화가 역량 경시현상을 불러일으켰다고 분석했다. 한국기업은 업무 결정자의 지시를 거부감 없이 받아들이고 진행하는 것을 중시하기 때문에 채용과정에서 직무경험 등 개인 역량 수요가 적으며 역량이 임금에 미치는 영향이 미미하다고 결론을 내렸다.

이런 경향은 기업이 시간을 투자해 개인 역량을 측정하고 활용할 방법을 개발하는 대신, 학력을 능력의 대리지표로 삼아 평가하는 익숙한 선택을 계속한다는 것이다. 또 보고서는 우리나라에서는 고졸 이하는 역량이 높아질수록 고용률이 되레 낮아지는 기현상을 보이며, 고용과정에서 업무역량보다 학력을 더 중요하게 작용하는 사실은 OECD 회원국 중 한국이 유일하다는 것이다.

이 같은 결과는 우리나라에서는 강점인 역량보다는 학력을 중시하기 때문에 노동에 대한 생산성이 낮다는 것은 자명하다. 이제라도 우리나라는 학력에 상관없이 역량을 평가하여 일할 수 있는 좋은 일자리를 늘리고 정부 역시 구직자 매칭 과정에서 역량 위주의 서비스를 제공해야 할 것이다.

이 글을 읽는 독자에게 성공한 리더가 되기 위해서라면 어떻게 하겠는지를 질문한다. 그 해답은 성공한 리더가 되기 위해서는 조직 구성원의 강점을 찾아내 그들의 강점을 살리는 해당 분야에 배치해서 역량을 발휘할 수 있도록 하는 일일 것이다.

성공한 리더는 구성원의 강점을 찾는 일이 우선

그렇다. 교육경영에서 성공한 리더가 되기 위해서는 구성원의 강점을 찾아내 개발하는 일일 것이다. 각 분야에서 성공한 사람들의 공통점은 각 개인이 지닌 강점 분야에서 일하고 있음을 확인할 수 있다. 그렇지만 성공한 교육경영 리더가 되고 싶다면 교육에 종사하는 것만으로는 충분하지 않다. 훌륭한 리더는 구성원들의 강점을 찾아내 그들의 그런 분야에 배치하여 일을 할 수 있도록 해주어야 한다.

따라서 교육경영 리더가 리더십을 발휘할 수 있는 관건은 구성원들이 지닌 특별한 강점 즉 역량을 확인하고 그들에게 최고의 역량을 발휘할 수 있는 부서에 배치하고 업무를 부여하는 능력까지도 갖추어야 한다.

강점을 살려주는 리더

신완선성균관대학교, 2010의 『자기개발컬러 리더십, 자신의 강점으로 경쟁하라』에 의하면, 미국 스롤리 블로토닉 연구소가 '부를 축적하는 법'을 연구하기 위해서 1천 5백 명의 직업선택 방식을 20년에 걸쳐 추적 조사하였다.

조사결과는 두 가지 독특한 의사결정 패턴이 나타났다. 전체의 83퍼센트가 유행을 좇아서 직업을 결정한 사람들이었고 나머지 17퍼센트는 자신의 선호도에 우선순위를 두고 하고 싶은 일을 선택했다. 20년 후, 이들 1천 5백 명 중에서 정확히 101명의 억만장자가 나왔다고 한다. 놀라운 것은 그중에서 1명을 제외한 100명 모두가 자신이 좋아하는 일을 선택하는 사람이었다는 사실이다. 역시 장기적인 경쟁에서는 자신의 강점을 살릴 수 있는 환경이 훨씬 유리했던 것이다.

블로토닉의 연구결과는 우리에게 중요한 질문을 한 가지 던져준다. '과연 나 자신의 강점을 살리는 리더로 활동하고 있는가?' 아니면 적어도 '구성원의 강점이라도 살리고 있는가?' 하고 말이다. 하지만 현실적으로 강점을 살린다는 것이 말처럼 쉬운 일은 아니다. 리더십이 자신감의 게임이라고 수없이 외치면서도, 조그만 약점에 좌절하던 순간들이 얼마나 많았던가. 미래의 리더는 자신의 주인이 되는 훈련에 관심을 가져야 한다.

세계적인 석학인 피터 드러커는 "당신은 진정 어떠한 사업을 하십니까?"라는 근원적인 질문으로 CEO를 곤혹스럽게 만들곤 했다. 비지니스에는 궁극적인 목적이 있어야 한다는 것을 강조하는 질문이다.
드러커는 "당신은 진정 어떠한 리더입니까?"라고 묻고 있다. 강점을 살려서 희망을 만드는 리더가 되라는 주문으로 해석될 수 있는 부분이다.

미래 리더는 자신의 강점을 살릴 수 있는 지혜를 터득해야 한다. 약점에 연연하는 부정적인 사고에서 벗어나 자신의 강점을 살리는 것이 중요하다. 단기적인 성과를 거두기 위해서 다른 사람의 흉내를 낼 수는 있다. 하지만 모방은 궁극적인 경쟁력이 될 수 없다. 자신의 강점을 살리는 셀프 리더가 되어야 한다는 것이다.

강점을 살려주는 교사의 리더십

교육경영의 입장에서 학급을 담당하는 교사가 강점을 살리는 리더십을 어떻게 실현해야 할까? 필자가 발간한 『개성교육2017, 북랩』에서 강점을 찾는 교육을 다음과 같이 밝히고 있다.

> "자신감을 갖기 위해서는 자기 자신을 진단해야 한다. 중국 고사에 '개별 취향이나 목표에 따라 각각 다른 길을 간다'는 의미를 지닌 분도양표 分道揚鑣라는 사자성어가 있다."

본디 교육은 아이들 저마다의 개성에 초점을 두어야 한다는 것이다. 개성에 따라 자기 길을 가기 위해서는 우선 자기 강점을 찾는 일이다. 강점은 '내'가 잘하는 일이다. 누구나 잘하는 것이 한 가지씩은 있다. 내가 잘하는 것이 없다고 하면 좋아하는 것을 찾아야 한다.

잘하는 것은 적성適性과도 같으며 좋아하는 것은 취미이다. 취미가 적성일 수도 있지만 좋아하는 취미를 좋아하다 보면 그것이 내가 갖는 강점이다. 좋아하는 일은 공부일 수도 있고, 운동일 수도 있으며, 음악일 수도 있다. 공부가 힘들고 운동은 쉬운 것은 아니다. 공부하는 사람은 공부가 좋아서 좇는 일이고, 운동을 좋아하는 사람은 운동을 좇는 것이다. 공부를 열심히 하다 보면 과학자가 되는 것이고, 운동을 열심히 하면 최고의 스포츠맨으로 성장할 수 있다. 자신의 강점을 알지 못하면 남들이 잘하는 것만 자꾸 눈에 띄고 크게 보인다. 그러다 보면 내가 잘하지 못하고 남보다 못함을 스스로 자책하여 낙오자가 된다. 그러나 강점을 파악하게 되면 이왕에 하는 일에 앞서가는 사람이 되어야 한다는 포부를 갖게 된다.

교육현장에서 교사는 학생 개개인의 개성이라고 일컫는 강점을 발굴하고 이를 키워 강점을 살릴 수 있는 곳에서 일할 수 있게 하는 일이 가장 큰 책무일 것이다. 사실 학교에서 이루어지고 있는 교육프로그램에서는 학생들의 강점을 살리는 분야가 다양하다.

따라서 강점을 살리는 성공한 교사의 리더십 중 가장 큰 덕목은 학생들의 강점을 찾는 일부터 출발하고 학생들이 강점에 몰입하는 교육환경을 지원하는 일이다. 그리고 강점을 찾아 일하는 곳을 마련해 주고 역량을 발휘할 수 있도록 지원해 준다면 아마도 교육이 희구하는 지향점에 이르게 된 것과 다를 바 없다.

강점을 살려주는 학교장의 리더십

학교교육의 정점에서 학교를 관리하는 성공한 리더의 역량을 갖추기 위해서는 존 맥스웰의 생각에 젖어들 필요가 있다. 리더는 구성원 개개인에 대하여 답할 수 있어야 한다.

첫 번째, 구성원 개개인의 강점과 약점이 무엇이며, 그들은 누구누구와 잘어울리며, 구성원 개개인은 하고 있는 분야에서 성장하고 더 성장할 가능성이 있으며, 그들의 업무 태도는 자산인가 부채인가? 그들이 하는 일을 좋아하고, 잘하고 있는지를 파악하고 있어야 한다.

두 번째는 구성원 개개인이 조직에 기여하는 강점은 무엇이며, 그 역할이 특별히 중요한 때가 있는지? 구성원들끼리 부족한 부분을 어떻게 보완하고 있는가를 파악한 이후, 구성원 개개인은 조직에서 필요한 존재라고 의식한 순간부터 각자의 능력을 최대한 발휘해 조직의 목표 달성에 기여하고자 최선을 다하고 싶어 한다.

세 번째는 팀워크가 없이는 조직을 원활하게 끌어갈 수 없다. 리더는 각 구성원이 조직에서 어떤 역할을 하는지 구성원들에게 알려주면 구성원들은 서로 존중하고 존경하게 된다.

마지막으로 조직원 간의 건전한 경쟁은 권장할 만하다. 그런 경쟁심이 있을 때 최선을 다하려고 노력하기 때문이다. 그러나 궁극적으로는 자신보다는 조직을 위해 구성원들이 서로 협력할 수 있어야 한다.

학교경영을 선도하는 최고의 리더가 앞에서 담론으로 제기한 네 가지 관점에 대하여 구성원을 대상으로 파악하는 일이 우선일 것이다. 파악된 자료를 바탕으로 학년별 학급담임을 선정하거나 교부분장의 업무를 부여하는 기준으로 설정하고 특수한 교육과제를 해결하는 담당자를 선정하는 일에 리더십을 투입한다면 성공하는 리더로 다가설 수 있을 것이다.

강점을 살리는 성공한 리더의 자세

'강점을 살리는 성공한 리더'의 자세를 공고히 하고자, 존 맥스웰의 『리더십골드』에서 밝힌 여러 가지 생각 중 세 가지를 발췌하여 덧붙인다.

최고의 리더는 잘 듣는 사람이다. 훌륭한 경청자가 될 때 얻는 긍정적인 효과는 생각보다 훨씬 크기 때문이다. 상대의 말을 귀담아 듣고 상대를 이해하려 노력하지 않으면 상대와 친밀한 교감을 나눌 수 없다. 게다가 친밀한 교감을 나누지도 않는 사람에게 도움을 청하는 것은 떳떳하지도 않고 큰 효과를 기대하기도 힘들기 때문이다.

누구도 혼자의 힘으로 정상에 올라설 수 없다. 안타깝게도 적잖은 리더가 정상에 올라서면 주변 사람들을 정상에서 밀어내는 데 시간을 보낸다고 한다. 불안하기 때문에 혼자 왕 노릇을 하려는 것이기 때문일 것이다. 진정 정상에서 성공하려면 구성원들까지 정상에 끌어올려야 한다. 리더의 성공 잣대는 구성원의 협력이 절대적이기 때문이다.

리더는 모두를 가질 수 없다. 포기할 줄 알아야 한다. 탁월한 리더가 되기 위해서는 가볍게 여행하는 법을 배워야 한다. 새 짐을 싣기 위해서는 지금 가진 짐을 버릴 수 있어야 하기 때문이다.

공정리더십

공정리더십의 아이템은 어디에서 얻을까? 공정성 이론을 이해하면 공정리더십을 펼치는 데 기여할 것이다. 아담스*J. S. Adams*의 공공성 이론*equity theory*은 사회적 비교 이론의 하나로서, 이는 한 사람이 다른 사람들에 비해 공정한 대우를 받는 느낌을 중시하는 이론이다.

구체적으로 말하자면 작업자가 자기의 일에 투자하는 투입과 그로부터 얻어내는 결과를 타인이나 타 집단의 그것과 비교한다는 것이다. 그래서 만일 자신의 투입 대 결과의 비율이 타인의 그것과 동일하면 작업자는 공정하다고 느끼며, 조직과 공정한 교환관계가 이루어졌다고 생각한다.

공정리더십과 공정성

공정리더십의 아이템은 어디에서 얻을까? 공정성 이론을 이해하면 공정리더십을 펼치는 데 기여할 것이다. 아담스*J. S. Adams*의 공공성 이론*equity theory*은 사회적 비교 이론의 하나로서, 이는 한 사람이 다른 사람들에 비해 공정한 대우를 받는 느낌을 중시하는 이론이다.

구체적으로 말하자면 작업자가 자기의 일에 투자하는 투입과 그로부터 얻어내는 결과를 타인이나 타 집단의 그것과 비교한다는 것이다. 그래서 만일 자신의 투입 대 결과의 비율이 타인의 그것과 동일하면 작업자는 공정하다고 느끼며, 조직과 공정한 교환관계가 이루어졌다고 생각한다.

이러한 공정성에 대한 지각은 만족을 유발하지만 공정성 대신 불공정성을 느끼게 된다면, 불쾌감과 긴장이 유발되므로 작업자는 어떤 식으로든 공정성을 회복하는 쪽으로 노력하게 된다.

조직생활에서 이러한 공정성과 불공정성을 목격하는 일은 어렵지 않다.

직장에서 갑이 말하기를 "앞으로 일을 열심히 하지 않을 것이다. 일은 내가 열심히 하는데 을이 상여금을 다 받으니 내가 열심히 할 이유가 없다." 학교에서도 이와 비슷한 말을 들을 수 있다. 병이라는 학생이 말하기를 "열심히 공부할 필요가 없더라, 왜냐하면 정이라는 친구는 나보다 머리가 좋은 것도 아니고 공부도 안 하는데 항상 A를 받으니까." 여기에서 갑과 병은 특정한 상황에서 불공평을 지각하고 있는 것이다.

그러나 여기에서 유의할 점은 불공평이 실제로 존재하지 않을 수도 있으며, 이들의 지각이 업무성과에 영향을 미치게 된다는 것이다.

필자가 경험한 불공정성

필자도 불공정한 대접을 받은 경우가 많고 경험을 한 바가 있다. 필자가 초등학교 5학년 때의 일이다. 필자는 8킬로미터 정도의 거리를 도보로 통학하는, 가난한 가정에서 자란 키가 작은 시골 놈이라는 이유만으로 내가 잘못하거나 부족한 점에 대해서는 담임 선생님으로부터 한 치의 용서가 없었다. 그러나 같은 학급의 어느 여학생은 상당히 넉넉한 가정에서 자란 면 소재지 유지의 딸이라는 프리미엄 때문에 담임 선생님으로부터 남다른 대접을 받곤 하였다.

당시 불공정한 대접을 받은 어린 저는 마음속으로 피눈물 나는 설움을 느끼곤 하였던 경험이 지금도 생생하다. 이 같은 경험은 필자로 하여금 좋은 선생님이 되겠노라고 다짐하고 교직에 몸을 담게 된 까닭이기도 하다.

세자빈을 간택한 임금님의 공정성

김정훈(2002)의 『시민의 정부혁신론』에 게재된 옛날 어느 나라에 공정성을 지닌 지혜로운 임금님의 '신新 콩쥐론' 이야기는 리더의 공정한 판단을 엿볼 수 있다.

임금에게는 사랑하는 왕자가 하나 있었는데, 어느새 성년이 되어 장가를 보낼 시기가 되었다. 임금님은 선하고 지혜로운 며느리를 구하기 위하여 사람들이 많이 다니는 전국의 저잣거리마다 세자빈을 뽑는 공고를 붙여 널리 구하였다.

치열한 경쟁을 뚫고 마침내 세 명의 규수가 임금님과 최종 면접에 임하게 되었다. 첫 번째 규수는 왕비를 많이 배출한 명문 대갓집 따님이었고, 두 번째 규수는 나라에 공이 큰 대신의 따님이었다. 그리고 세 번째 규수는 그저 평범한 여염집 딸로 이름은 콩쥐라고 불렀다. 임금님은 세 명의 참한 규수를 보고 외관상으로는 누구를 택하기가 어려울 만큼 모두 마음에 들었다. 그러나 누가 가장 선하고 지혜로운가를 시험하기 위하여 다소 어려운 일을 시켜 보기로 하였다.

임금님은 한 되씩 쌀을 각각의 규수에게 나누어 주면서 "너희는 한 달 동안 그 누구의 도움도 받지 말고 이 쌀 한 되를 갖고 살아야 한다."라고 엄하게 명하고 집으로 돌려보냈다.

한 달 후 임금님은 세 명의 규수를 대궐로 불렀으나 첫 번째 규수는 이미 중도 탈락하여 버렸다. 배고픔을 이기지 못하고 부모님이 몰래 넣어 준 밥을 먹다가 그만 발각이 나버린 것이다. 두 번째 규수는 굶주림으로 쓰러질 지경이었다. 한 되의 쌀로 한 달을 연명하기 위하여 한 되의 쌀을 구십 등분하고 한 끼에 몇 톨씩 먹어야 하는 것까지도 계산한 것이다. 과연 전통 있는 가문의 따님답게 한 치의 흐트러짐이 없이 임금과의 약속을 분명히 지킨 눈물겨울 정도의 절제 있는 행동이었다. 그런데 세 번째 규수는 두 번째 규수의 여윈 모습과는 크게 달랐다. 마르기는커녕 한 달 전보다 오히려 뽀얀 얼굴이 되어 건강미까지 있어 보였다.

콩쥐의 이야기는 다음과 같다. 해답은 떡을 만드는 일이었다. 명문 대갓집 규수들처럼 글을 많이 깨우칠 기회도 별만 없었고 자수를 잘하지도 못했으나 떡 만드는 일은 자신이 있었다. 한 되의 쌀로 맛있게 떡을 만들어 저잣거리에 나아가 팔았다. 얼마 안 되는 떡이지만 정갈하고 맛이 있어서 동전 세 냥을 벌 수 있었고 그것으로 다시 한 말의 쌀을 족히 살 수 있었다. 이제 콩쥐는 한 말의 쌀로 더 많은 떡을 맛있게 만들어 다시 팔았으며, 이와 같은 일을 몇 번 번복하니 한 달이라는 시간이 훌쩍 지나갔다고 하였다.

열심히 일을 하면서 임금님이 주신 한 되의 쌀은 어느새 몇 가마

니의 쌀로 불어났다. 그뿐만 아니라 마음씨 고운 콩쥐는 저잣거리 주변의 어려운 이웃들에게 그 쌀을 나누어 주었다. 허기진 나그네에게는 떡값도 받지 않았으며, 짬짬이 말썽꾸러기 동네 꼬마들에게 떡을 주면서 글을 가르치기도 하여 동네에 칭찬이 자자하였다. 임금님이 원하시던 지혜롭고 선한 며느리 감은 세 번째 규수인 콩쥐였다. 그 후 멋진 왕자님의 각시가 되었고 왕비가 되어서도 국민의 사랑을 받는 선하고 지혜로운 국모가 되었다고 한다.

비록 이야기일지라도 임금님은 자기만의 기준이 아닌 타인도 인정할 수 있는 사고로 며느리를 얻기 위한 기준으로 정하였고 콩쥐의 지혜는 남다른 사고로 자기 바람을 성취하면서도 남을 배려하는 데 소홀하지 않았다. 임금님과 콩쥐는 고집불통이 아닌 열린 사고를 지향한 공정하고 정의로운 사고를 지녔다. 공정한 생각은 더 정의로운 생각을 만들어 내게 된다.

일부 행정기관에서 아부와 재력도 실력으로 통하는 경우가 적지는 않다고 한다. 이 경우는 최고의 의사결정권자가 어떤 성향의 리더십을 지녔느냐에 따라 조직의 문화가 다르다고 하겠다. 업무능력을 비롯한 정형화된 평가 기준에 의하여 평가를 받아 정당한 대접을 받은 것이 아니고 아부와 재력이 보이지 않은 평가 기준으로 둔갑하여 업무능력으로 평가받은 경우를 말한다.

교사의 공정리더십

세자빈을 간택한 임금님의 공정성에 대한 이야기를 접하고, 학급 담임 선생님은 공정리더십을 어떻게 실천으로 옮겨야 할까? 필자도 학교에 재직할 시 상당한 기간 학급 담임을 하였기에 느낀 점이 한두 가지가 아니다.

필자가 초임지 학교에서 육학년 학급 담임을 할 때의 사례이다. 그 당시에는 관례대로 졸업생 중에서 품행이 방정하고 학업성적이 우수한 아이를 최고의 상인 교육장상 수상 후보로 추천하도록 하였다. 그런데 담임인 필자는 품행과 학업이 우수한 학생 두 명 중에서 당시 학교육성회장의 자녀를 교육장상 수상 후보로 추천하고 다른 학생을 학교장상 수상 후보로 추천하였던 일이다.

교육장상 수상 후보 추천 대상자는 상대 학생보다도 다소 명랑하고 사회성이 발달한 반면, 학교장상 수상 추천 후보자는 상대 학생보다도 학력이 앞섰으며, 전반적으로 행동 측면에도 얌전하여 타의 모범이 되었다. 원고를 쓰는 지금에 와 돌이켜 보니 필자인 내가 그 당시에 공정한 리더십을 지니고 의사결정을 하였는지 회상해 보곤한다. 선정 기준인 "품행이 방정하고 학업 성적이 우수"하기에 두고 공정한 판단이었는지 새삼스럽게 느껴지는 순간 제 자신이 부끄러워진다.

아무래도 학교육성회장님의 딸이라는 후광효과를 인정하였기에 불공정한 판단을 하였던 지난 일을 반성해 본다. 당시 학교장상을 수상한 제자는 담임인 나에게 어떤 선생님이라고 회상하고 있을까? 필자는 불공정한 대접을 받은 제자를 찾아 수상 후보자 추천에 공정하지 못했음을 사죄할 것을 다짐한다.

학급 담임은 모든 학생들을 평등하고 공정하게 대접하여야 한다. 성별, 종교, 사회적 신분에 의한 차별 금지, 정치·경제·사회·문화 각 생활 영역에서 차별을 하지 않고 평등하게 대접해야 하며, 부모의 직업, 신체의 다름에도 평등을 기해야 한다. 더불어 학생이 노력한 만큼 그에 상응하는 성과를 인정하는 등 공정한 대접을 해야 한다. 노력이 부족함에도 노력 이상의 성과를 부여한다면 불공평하다.

담임 선생님이 학생에게 책무를 부과하거나 상벌을 부과할 때도 공정하게 대접해야 한다. 공정성은 '똑같다'는 개념과 다르다. 학생이 한 만큼 그에 상응하게 주어지는 것이다. 공정성은 "학생 자신의 성과 / 학생 자신의 투입=타 학생의 성과 / 타 학생의 투입"일 때 발생한다. 다만 이러한 지각은 비율에 대한 다른 사람의 관찰과 같을 수도 있고 다를 수도 있으며, 실제 상황과 동일할 수도 있고 다를 수도 있다.

학교장의 공정리더십

학교경영의 정점에 있는 학교장의 공정리더십도 학급 담임 선생님의 공정리더십과도 크게 다를 바 없다. 학교장의 공정리더십은 학생뿐만 아니라 교직원들을 대상으로 이루어지기 때문에 위에서 밝힌 바와 같이 모든 구성원을 평등하게 대하고 공정하게 대우해야 한다. 공정성이론이 종업원의 동기부여이론으로서 공정리더십을 펼치는 학교장은 다음과 같은 안목이 필요하다.

학교장은 조직에 있어서 사회적 비교과정에 주의를 기울여야 한다. 즉 학교장은 구성원이 공정한 대접을 받는다는 느낌을 갖도록 노력해야 한다. 학교장은 구성원을 동기부여시킬 때 지각의 중요성을 인식해야 한다. 어떤 구성원이 사실은 노력에 비해 과다 보상되고 있음에도 불구하고 자신이 과소 보상되고 있다고 지각하게 되면, 이에 준해 행동하게 될 것이다.

타 구성원과 비교해서 과소평가되고 있다고 지각하면 노력의 투입을 줄인다는 것이다. 그래서 교장 자신의 지각 세계가 구성원과 다를 수 있다는 사실을 잊어서는 안 된다.

마지막으로 공정성이나 불공정에 대한 결정은 개인적인 차원뿐만 아니라 조직 내외의 다른 구성원과의 비교로 이루어져야 한다. 다시 말해서 구성원이 받는 화폐의 절대액보다는 자기와 같거나 비슷한 직무를 갖고 있는 다른 종업원과 비교해서 어느 정도 받느냐는 것이 중요하다.

공정리더십과 인권교육환경

한 가지 학교경영의 사례로 인권교육에 초점을 둔 학교문화를 구축하는 공정리더십 방안을 밝힌다.

최근에는 사회 전반적으로 수평적인 인간관계를 중시하는 조직을 강조하고 조직 내 개인에 대해서도 각 개인이 가진 전문성을 인정하면서 사회 구성원 각각의 다양성을 강조하는 분위기로 변화되고 있다.

그러나 사회의 다양한 조직에 비하여 학교는 수직적이고 위계적인 인간관계가 많이 남아있다는 여론이 있는 것도 현실이다.

이젠 '교장-교감-교사-학생'이라는 수직적 인간관계에 의한 '명령과 복종'관계에서 벗어나야 하고 학교 내에서 상명하달식 학교문화가 개선되어 교사의 자율성이 강조되어야 한다. 그리고 교사가 학생을 좌지우지하는 교실 내의 권위적이고 지시에 능한 권력자가 아닌 플랫 조직*flate tissue*, 평평조직으로 이루어져야 한다.

"인권교육 환경을 위한 학교문화에 대하여 학교장이 추구해야 할 공정리더십 확인 관점"을 제시하고자 한다.

- 교장은 교사를 공평하게 대하고 있는가?
- 교사는 교장으로부터 공정한 대우를 받고 있는가?
- 교장은 학급담임을 일정한 기준에 의하여 공평하게 선정하고 있는가?

- 학교에서 업무분장은 공평하게 이루어지고 있는가?
- 근무평정은 공평하게 이루어지고 있는가?
- 학교정책 결정에 교사의 의견이 공평하게 반영되고 있는가?
- 교사가 교장에게 불만이나 의견을 제시하는 일이 용이한가?
- 교사들 간의 교수 경험을 나눌 수 있는 의사소통의 통로가 있는가?
- 교사들이 팀을 이루어 하는 일이 자주 있는가?

'인권교육 환경을 위한 교실문화에 대하여 담임 선생님이 추구해야 할 공정리더십 확인 관점'은 다음과 같다.

- 교사는 학생들을 평등하게 대하는가?
- 교사는 학생을 존중하고 학생은 교사를 존경하는가?
- 특정 학생에 대한 편견은 없는가?
- 학생들 간에 폭력이나 집단따돌림이 없는가?
- 학생들 간에 폭력이 있을 때 적절한 조치를 공평하게 취했는가?
- 학칙을 정한 과정에 학생들의 의견을 반영했는가?
- 교사가 학생을 부를 때 이름을 부르는가?
- 학생들의 학업결과를 평등하고 공평한 결과로 산출하였는가?

공정리더십에 의한 인권교육환경 구축 사례를 소개하였다. 학교경영이 이루어지는 전 과정에서 공정리더십이 존재한다면, 소속 구성원이 최고 리더로부터 공정한 대접을 받게 되고 최고리더는 구성원으로부터 존경을 받아 모두가 교육경영의 성과를 공유하며, 학교교육 성과의 질이 우수하여 교육의 만족도를 높이는 데 기여할 것이다.

그래서 공정리더십은 전원참여 전원성취의 성공경영을 이루는 리더십의 유형이기도 하다.

공정리더십은 공정한 리더를 낳는다

역사적으로 공정리더십을 펼친 왕은 좋은 장수를 얻을 수 있어서 전쟁에서 승리하는 경우가 많았다. 나라 간 각축이 치열했던 중국 전국시대에 연나라 소왕昭王 재위기간 기원전 311~기원전 279이 제나라의 공격으로 망할 지경에 즉위한 이후, 악의라는 사람이 소왕을 찾아오자 소왕은 악의를 극진히 예우하고 관직을 주었다. 드디어 악의는 다섯 나라 연합을 성사시킨 후 연합군을 이끌고 제나라 공략에 나섰다. 공략 5년 만에 제나라의 70여 개 성을 함락했다. 연나라의 소왕은 악의와 같은 좋은 장수를 얻게 된 리더십은 무엇이었을까?

소왕은 사적으로 친하다고 해서 녹봉을 주지 않고, 공이 많은 자에게 상을 주며, 능력이 맞는 자에게 일을 맡겼다고 한다. 능력을 살피고 공정성을 살려 관직을 주는 군주는 성공할 수 있음을 일러주고 있다.

앞서 예화로 밝힌 바와 같이 임금님은 선하고 지혜로운 착한 여염집 딸을 세자빈으로 선택한 까닭은 결국 여염집 딸이 남다른 사고를 지녔기 때문이다. 다른 세자빈 후보감을 따돌리고 남다른 사고를 지닌 여염집 딸을 선택한 일은 임금님의 공정하고 정의로운 리더십이 있었기에 가능했다.

임금님의 공정한 리더십은 결국 세자빈이 왕비가 되어서도 국민으로부터 사랑을 받고 선하고 지혜로운 국모가 되는 데 자양분 역할을 하게 하였다.

공정리더십을 지닌 교사로부터 공부한 학생은 공정리더십을 지닌 어른으로 자랄 것이고 나아가 공정리더십을 지닌 리더로서 국가를 리드하는 지도자가 될 것이라는데 믿어 의심치 않다.

신념리더십

신념리더십은 상황에 따라 매우 민감하게 영향을 미친다. 리더가 평소 학습을 통해 형성된 신념유형이 매우 중요하게 취급되는데, 리더의 신념유형이 바람직한 경우는 일반적으로 소속 구성원의 업무수행 자세와 동료와의 인간관계에 바람직한 영향을 미치게 되어 조직에서 창출한 교육의 질이 우수하고 교육의 생산량이 증대한다고 예상할 수 있다.

이 과정에서 의사소통이 원활하고 공동체로서 협업능력이 크게 작용할 수 있을 것이다.

신념리더십이란

신념信念은 자기가 생각한 것에 대하여 굽히지 않으려는 정신적인 태도를 말한다. 신념은 지적인 역할이 크게 작용하여 여러 가지의 많은 신념이 통일성을 가지게 되고 일정한 체계와 방향을 갖추게 된다.

이 같은 신념에 방점을 둔 신념의 리더십을 스로다치카페르의 저서『신념이 리더십 전략을 키워 나간다』에서 접하였다.

예컨대, 현재의 리더십은 자신의 과거의 신념이 만들어 낸 것이다. 미래의 내 자신의 리더십은 현재의 신념이 만들어 가는 것이다. 이러한 신념은 주입된 것도 있고 의도적으로 만든 것도 있다. 이 신념이 나를 만들어 가고 리더십 전력을 형성해 나간다. 현재의 리더십이 타인의 마음에 들게 하든지 그렇지 않게 하든지 그것은 리더 자신이 선택한 신념으로 빚어진 것이다.

현재의 내가 마음에 들지 않으면 과거부터 가져온 신념을 바꾸면 된다. 미래의 어떤 내 모습을 꿈꾸고 있다면 지금의 내 모습이 미래의 나를 위해 바꾸면 되듯이 리더의 리더십도 바꿀 수 있다. 주변으로부터 주입된 신념이든, 의도적으로 만든 신념이든 그것이 내게 도움이 되지 않는다면 과감히 버릴 수 있는 용기가 필요하다.

그래서 리더는 늘 반성하고 새로운 것에 도전해야 한다. 또 도움이 되는 신념이라면 그것을 강화시켜 자신의 삶을 성공으로 이끌고 주변 사람들의 성공에도 영향을 미치게 한다. 리더 자신은 어떤 신념을 가지고 리더십 전략을 발휘하는지 진단해 본다.

더불어 리더의 신념이 리더 자신을 만들어 간다는 사실을 잊지 말고, 또 그것이 리더가 이끄는 조직에 영향을 미친다는 것을 잊지 말아야 할 것이다.

이상과 같은 속성을 지닌 리더십이 바로 신념리더십이다.

안중근 의사의 아름다운 신념

필자가 매일 접하는 K신문 송혁기 교수고려대 한문학과의 《책상물림》 코너에 안중근 의사의 '아름다운 신념'을 소개하고 있다. 내용은 이렇다.

안중근 의사가 뤼순 감옥에 갇혀 있을 때 뤼순 감옥의 간수 지바 도시치의 이야기다. 지바 도시치는 안중근 의사를 흠모하여 그의 유묵遺墨, 생전에 남긴 글씨나 그림을 간직하고 죽을 때까지 아침저녁으로 명복을 빌었다고 한다. 일본인에게 안중근은 자기 신념에 따라 이토 히로부미를 사살한 테러리스트일 뿐이다. 안중근의 신념에 동의할 수 없는 입장에 있던 간수가 어떻게 몇 개월의 수감 기간 동안 그의 인품에 감화하여 평생 존경하며 살아갔을까? 지바 도시치는 안중근 의사가 일본인에게는 피해를 주었지만, 한국인에게는 긍정적인 지향을 담은 신념을 지녔기에 오히려 신념을 달리하는 이들로부터 용인을 넘어 존경을 받는 안중근 의사의 아름다운 신념을 사랑했기 때문이다. 즉 사적인 이해관계와는 애초에 다른 길에 서서 자기희생을 삶으로 보여주신 안중근의 신념 그 자체를 존경한다는 것이다.

송혁기 교수는 '신념'은 어떤 사상이나 생각을 굳게 믿으며 실현하려는 의지를 가리키며, 이성과 믿음, 실천이 한데 어우러진 어휘라고 정의하기도 했다.

마거릿 대처의 신념

신념리더십을 몸소 실천으로 옮긴 인물을 소개한다면 영국의 전 수상인 마거릿 대처를 제외할 수 없다.

영국은 1970년경에 IMF구제 금융을 신청할 위기단계까지 가게 되었다. 그 원인은 망국적인 영국병이 치유 불가능한 지경에 도달하게 되었던 것이다. 과도한 사회복지로 일하지 않고, 노력하지 않고, 세금 많고, 일자리 없고, 노조는 만성적인 갈등으로 대립하는 등, 수많은 난제들이 소위 영국병이라는 이름을 달고 정부의 발목을 잡았다.

그 때 나타난 사람이 바로 마거릿 대처였다. 위기 속에서 기회를 만들어 낸 신념의 리더십을 펼친 인물이다. 마거릿 대처가 살아온 역정을 살펴보면 그녀의 신념을 여실히 보여준다.

그녀가 태어날 당시의 가정환경도 넉넉하지 않았지만, 그의 아버지 로버츠 역시 어려운 환경에 태어나 식품가게 점원에서 식품가게 주인이 되었고 정치에 입문하여 그랜덤 시장이 되었다.

대처는 아버지와 부녀지간을 넘어 가히 정치적 동지라고 할 수 있는 정치적 인간으로 성장하면서 옥스퍼드 대학교에 입학하였다. 한때 그녀의 아버지가 1935년 총선에서 보수당의 승리를 위해 발 벗고 나섰을 때, 겨우 열 살이던 마거릿은 벽보를 붙이고 선전물을 돌리며 선거사무소에서 일하는 등 정신없이 일하기도 하였다. 아버지가 선거에 나섰을 때는 아버지와 토론하거나 다른 후보의 장단점을 분석해 브리핑도 하였다.

마거릿 대처의 신념리더십

영국 최초의 여성총리가 된 마거릿 대처, 그녀가 1979년부터 11년간 여성총리로 재임하면서 펼친 경제정책은 위기의 영국을 구해낸 그녀의 독특한 정치적 카리스마였다. 그녀의 경제정책은 대처리즘이라고 표현되는 신자유주의를 표방하면서 그 당시 미국 레이건 대통령의 정책인 레이거노믹스와 공통점이 많았다. 그녀는 정치적으로

철저한 반공주의를 추구했다. 그래서 그 당시 소련으로부터 철의 여인이라는 별명을 얻었다. 그녀는 어려서부터 자신의 자존심을 건드리는 사람에게는 반드시 보복을 하는 무서운 고집이 있었다.

포클랜드 전쟁은 그녀가 누구인가를 보여주는 대처전쟁이라고 해도 과언은 아니었다. 포클랜드 전쟁은 아르헨티나의 침공으로 시작된 전쟁이다. 영국의 국방부에서는 무려 13,000킬로미터 떨어진 남대서양에서의 작전은 무리라고 보았다.

결국 이 전쟁은 영국에 상처를 남겨준 전쟁이지만 대처는 외부의 어떠한 타협안도 거부한 채 즉각 함대를 파견할 것을 지시하였다. 대처에게는 정치생명을 건 모험이었다. 가뜩이나 긴축정책으로 군비도 감축된 시점에 전쟁을 치러야 한다는 국민여론에도 좋지 않았다. 다행히 전쟁은 2개월 만에 아르헨티나의 항복으로 끝나고 말았다. 대처에게는 영광을 안겨준 피가 되고 살이 되는 전쟁이 된 것이다.

그녀는 1992년 정계에서 은퇴한 후 미국 윌리엄메리대학교 총장을 지내는 등 세계 여러 곳에서 강연도 하고 지내왔으나 2013년 87세로 생을 마쳤다.

이 같은 마가릿 대처의 신념이 있는 리더십은 경제적으로 위기에 처한 영국을 구해냈고 매우 불리한 지리적 여건에도 전쟁을 승리로 이끈 전략은 성공한 정치적 철의 재상으로 오래도록 기억되어 오고 있다. 평소 마가릿 대처가 자란 환경과 행동들이 그녀의 신념으로 형성되었고 수상이 되어 펼친 정책수행과정에서도 그녀의 신념이 크게 영향을 미쳤음을 파악할 수 있다.

중국의 부호 마윈의 신념리더십

마가릿 대처와는 또 다른 분야에서 성공한 중국 최고의 부호인 '알리바바 마윈'은 신념의 리더십을 실천한 그룹 회장인데, 그를 신념리더십을 발휘한 리더로 소개해도 부족함이 없을 듯하다.

인터넷 검색창에서 '알리바바 마윈'을 입력하면 그의 성공 스토리를 만날 수 있다.

그는 1982년 첫 대입 시험 수학 과목에서 120점 만점에서 1점을 받아 떨어졌고 이듬해 치른 시험에서도 수학점수 19점이 합격의 발목을 잡았다. 그다음 해 수학에서 79점을 맞은 뒤에야 전문대인 항저우사범전문대학의 영어교육학과에 입학할 수 있었다.

졸업 후 입사시험에선 30번이나 낙방했다. 그중에는 미국계 패스트푸드 업체인 KFC 매장점원 채용 공고도 있었는데 그 역시 낙방했다. 그는 지원자 24명 중 유일하게 탈락한 그였다. 훗날 미국 경제전문잡지 포보스는 2000년 중국 본토 기업인 최초로 이 사람을 표지모델로 실으며 이렇게 평가했다.

"개구쟁이처럼 이를 드러내며 웃는 소년 같다. 그러나 제대로 된 리더를 찾기 힘든 시대에 수많은 추종자를 이끌며 세상을 바꾸고 있다."

그가 창업한 알리바바 그룹은 중국 중소기업과 해외 기업을 연결해 주는 기업 간 전자상거래 B2C 온라인 쇼핑몰인 '타오바오' 등을 운영하여 중국 상거래에서 차지하는 비중은 중국 국내 총생산 GDP의 2%에 달한다. 중국 국내 소포 10개 중 7개가 알리바바를 통해 거래되는 물품들이다.

그런 마 회장은 직관이나 혜안보다는 결핍과 실패에서 성공의 열쇠를 찾는다. 대입, 취업에 이어 창업에서도 마 회장은 수차례 실패하곤 했다. 88년 대학 졸업 후 항저우 전자과학대학 영어강사로 일하던 그는 95년 특기를 살려 항저우 최초로 번역 전문회사 하이보(海博)를 차리기도 했다. 하지만 적자가 계속됐다. 결국 도매시장에서 의약품, 의료기계, 일용잡화 등을 싼값에 사서 항저우 시내에 내다 파는 '보따리 장사'까지 겸했다.

그러던 그가 2036년까지 전 세계 20억 명의 소비자에게 손쉬운 전자상거래 서비스를 제공하겠다는 새로운 목표를 발표하기도 했다. 또한 '물품 거래를 어렵게 하는 사람들이 없었으면 한다'는 그의 신념이 회사의 경영철학이었다. 그 신념을 이루는 일은 다름 아닌 '포기하는 것이 가장 큰 실패'라고 하면서 그는 "자신이 하는 일에 불평하는 건 결혼 후 배우자에게 매일 욕하면서도 이혼하지 않는 것과 같다."라며 "꿈은 계속 변하지만 이상은 일관돼야 한다."고 강조했다.

마윈의 신념이 너무 강해서일까? 지나친 알리바마 그룹의 확장으로 2020년 12월에는 중국 국가시장감독관리총국의 반독점 조사를 받는다는 보도가 있었다. 그럴지라도 알리바바 그룹은 중국경제의 축을 이루는 유통기업이다.

'꿈을 이루기 위해서 실패를 즐기라'는 의지를 승화시킨 마윈의 신념 그 자체이다. 잦은 실패일지라도 불가능을 가능하게 하는 것은 인간의 원초적인 신념리더십에서 우러나오는 팩트이기도 하다.

교육경영에서 신념과 모방학습

신념의 리더십은 교육경영에서는 어떤 모습으로 비추어질까? 교육경영을 주도하는 학급 담임 선생님이나 학교장이 지닌 신념이 교육대상에게 지대한 영향을 미친다고 감히 말할 수 있다.

특히 학급의 담임 선생님은 학생의 롤 모델이다. 선생님의 말씨 하나하나, 선생님이 보인 행동 하나하나, 선생님이 표현하는 생각마저도 닮아간다. 교육은 학습을 전제로 하기 때문에 선생님의 신념이 학생의 신념과 직접적인 상관이 있음을 부인할 수 없다.

학습심리에서 '모델링'은 새로운 양식이 획득되고 기존의 양식이 변화되는 기본적인 심리과정의 하나로, 가장 기본적인 특징은 학습이 사회적 상황에서 직접경험보다는 다른 사람의 경험에 대한 관찰이나 상상을 통하여 이루어진다.

이를테면 리더로부터 배우는 학생이나 교직원은 리더의 생각이나 행동 등의 유형을 관찰하여 모방을 통해 학습하고 나서 다시 모델이 제시한 유형을 재생산하게 된다. 모델로부터 학습된 유형은 다른 사람이 수행하는 행동의 결과에 대한 관찰을 통하여 강화되기도 하고 약화되기도 하는 양면성을 지니기도 한다.

학습심리학에서 동일시同一視라는 적응기제가 있다. 타인, 어떤 집단 또는 기구와 굳은 유대를 맺고, 그 힘을 받아들여서 자기와 동일시함으로써 실제에 있어서는 실현할 수 없는 만족을 얻게 된다.

이 같은 두 가지 기제들은 신념과 상관이 있으며, 특히 모델링은 과거에 학습한 유형을 수행하는 단서를 제공한다. 즉 모델이 보인 행동은 개인이 유사한 행동을 할 수 있는 상황을 구체적으로 제시해주는 유형에 대한 촉진 효과를 가져오기 때문이다.

교육경영의 신념리더십

신념리더십은 상황에 따라 매우 민감하게 영향을 미친다. 리더가 평소 학습을 통해 형성된 신념유형이 매우 중요하게 취급되는데, 리더의 신념유형이 바람직한 경우는 일반적으로 소속 구성원의 업무수행 자세와 동료와의 인간관계에 바람직한 영향을 미치게 되어 조직에서 창출한 교육의 질이 우수하고 교육의 생산량이 증대한다고 예상할 수 있다.

이 과정에서 의사소통이 원활하고 공동체로서 협업능력이 크게 작용할 수 있을 것이다.

반면에 리더의 신념유형이 바람직하지 않은 경우는 아부하는 자가 득세하고 반칙이 정의보다 우선할 수 있음을 예상할 수 있다. 그리고 의사소통 과정이 상의하달식이고 업무수행과정이 합리적이지 못하여 상식을 벗어난 업무행태가 잦을 것이라고 예상되기도 한다.

특히 수업을 담당하는 교사는 그야말로 학생들의 롤 모델*Role Model*이 되어야 한다. 학생들의 능력은 교사의 능력을 벗어날 수 없다. 교사의 신념유형은 곧 학생들의 유형으로 규정되곤 한다. 바람직하지 못한 유형은 바람직한 유형보다 먼저 받아들여진다. 예컨대 나쁜 모습이 좋은 것보다 먼저 신념으로 받아들여지는 문제점도 있다.

필자가 경험한 신념리더십

필자는 교육청에서 다년간 근무하는 과정에서 해소해야 할 적폐의 경험도 없지는 않다. 개인적으로 느꼈던 경험으로는 선후배 간, 학교동문(학연), 동향(지연), 하물며 성씨(혈연) 등에 따라 보이지 않는 손이 작용하여 득을 보는 이가 있는가 하면 응당 불이익을 당하는 이도 있었다.

이 같은 원인은 최고 의사결정권자가 납득하기 어려운 기준을 제시하여 불공정한 일들을 정당화하거나 상식적으로 이해하기 어려운 불합리한 일들임에도 정당화하는 의사결정을 하는 데 있었다.

그때 필자는 이 같은 적폐수단이 합리적인 수단으로 둔갑해서는 안 된다는 강한 '신념'을 가지곤 하였다. 그래서 필자는 교육청에 재직할 당시에 담당한 업무를 수행하는 과정에서나 학교장으로 재직할 시 업무집행이나 그 과정에서 선후배 간, 학교 동문, 동향, 혈연을 배제하는 등 엽관주의를 멀리하였다. 뿐만 아니라 일의 사안에 따라 전문적인 소양, 수행능력, 그리고 인간관계십 능력에 초점을 둔 선발기준을 제시하여 역할에 바람직한 인물을 선정하거나 대다수가 보통의 상식으로도 공감할 수 있는 합리적인 의사결정을 하는 데 소홀하지 않았다.

그래서인지 후일에는 몇몇 인사로부터 매정하다는 섭섭한 말을 듣기도 하였으나 대다수 인사에게 공정하고 정의롭게 업무를 수행해 왔다는 칭찬의 미소를 받기도 하였다. 그리고 '누구에게 통과의례는 안 된다'는 이미지를 갖게 하여 신념리더십을 실천하였음을 겸연스레 피력해 본다.

결국 정의로운 방향으로 형성된 신념리더십은 리더와 구성원 간에 신뢰의 정이 깊어지게 하고 구성원은 이전보다 더 충성스럽게 리더를 존중하고, 리더는 구성원을 존경하게 되는 조직문화를 일군다. 그리고 신념리더십은 '상관은 부하를 사랑하고 리더와 구성원 간에 신뢰가 우선한다'는 아름다운 친밀 관계를 형성하여 조직 업무의 능률성과 효과성을 높이는 데 기여한다.

18

분배된 리더십

분배리더십은 리더십의 책임을 단일의 명령계통에 집중시키지 않고 여러 사람에게 분배한 공유의 또는 공통의 리더십이다. 분배리더십의 양태는 위임리더십, 공동리더십, 동료리더십 등 세 가지이다.

기러기의 동료리더십

지금 우리는 기러기처럼 아주 멀고 험한 길을 날아가고 있다. 폭풍이 치고 비바람이 몰아치는 곳을 뚫고 날아가는 힘든 여정이다. 지금 우리에겐 당신의 리더십과 뜨거운 열정이 필요하다. 나와 당신과 우리가 함께 날아가야 할 곳이다."

분배리더십이란

분배리더십은 리더십의 책임을 단일의 명령계통에 집중시키지 않고 여러 사람에게 분배한 공유의 또는 공통의 리더십이다. 분배리더십의 양태는 위임리더십, 공동리더십, 동료리더십 등 세 가지이다.

① 위임리더십

위임리더십은 대규모의 복잡한 조직에서 최고 관리자들이 관리의 기능을 분담하여 수행하는 경우의 리더십이다. 존 맥스웰에 의하면, 위임리더십을 펼쳐야 하는 경우를 다음과 같이 설명하고 있다.

다른 사람에게 영향력을 입히기 이전에 자신의 계발에 무려 95%를 쏟아낸다. 새로운 것은 배우고 자신의 강점을 극대화하는 것에 집중한다. 그리고 나머지 5%를 자신의 약점을 보완하는데, 이것은 다른 사람에게 위임하는 것이다. 자신보다 더 뛰어난 사람들을 적재적소에 잘 배치하고 도움을 요청하는 것이 필요하기 때문이다. 구성원을 상대로 능력 위주의 리더십을 펼치면 인재를 선택하고 활용할 줄 아는 리더의 능력으로 평가된다.

자신의 약점을 저버린 자기과신 리더십은 참다운 리더십이 아니라 한 사람의 아집으로 변질되어 결국 리더는 혼자 남게 될 것이다. 오히려 약한 공동체의 리더들은 위임할 줄 모른다. 자신의 능력은 인정하면서도 타인의 능력을 인정하지 않기 때문이다. 이 같은 리더들은 스스로 제한하는 꼴이 되고 만다.

그러나 강한 공동체의 리더십은 서로에게 위임할 줄 아는 공동체이다. 그리고 자신의 강점으로는 그 공동체를 섬기며 자신의 약점은 욕심 없이 타인에게 위임하는 리더십이다.

• 교사의 위임리더십

교육경영에서 학급과 수업을 담당하는 교사와 학교교육의 정점에 있는 학교장은 매사에 전지전능할 수 없다. 교육영역에서 리더십을 강점으로 펼칠 수 있는 분야보다는 그렇지 않은 분야도 적지 않을 것이다.

학급담임인 경우는 교사 혼자서 모든 것을 관리하고 지도할 수 없을 것이다. 때로는 학생들의 힘을 빌리거나 아이디어를 빌리는 경우가 많다. 학생들의 역량을 믿지 못하고 담임 혼자서 제반 역할을 독차지 한다면 담임교사는 약점이 없다는 것과 다를 바 없다. 리더 자신이 부족하면 상대자도 부족할 것이라는 고장관념의 틀에 갇혀있는 사고이다. 담임 자신의 약점을 보강할 수 있는 학생들을 찾으면 지혜와 힘을 얻을 수 있다.

    따라서 교사가 할 수 있는 역량이라면, 능히 학생들에게도 역할만 주어지면 그들이 지닌 리더십으로도 수행할 수 있다는 신뢰감을 갖고 위임해야 한다. 바로 위임하는 리더십은 학생들로 하여금 자기주도적 수행능력을 갖게 하는 값진 교육방법이다.

    학습도 마찬가지이다. 지시하고 명령하고 일러주지만 말고 학생 스스로 학습의 주인이 되어 자기주도적으로 문제해결을 할 수 있도록 위임해주는 길이 교사도 살고 학생도 사는 윈-윈*win-win*학습이다.

    • 학교장의 위임리더십

    학교경영의 정점에 위치한 학교장이 교육적인 과제와 학교시책을 모두 관리하고 선도할 수 있는 강점 모두를 지녔다고 하는 것 자체가 어불성설이다. 즉 강점도 있지만 약점도 적지 않았던 경험을 필자 자신도 학교에 재직할 시 겪었다.

    학교장이 지닌 약점을 학교구성원들이 강점으로 지니고 있는 경우가 많다. 조직에서는 개인차와 개성차가 구성원 수만큼 차별화되었듯이 능력 또한 차별화된 집단이다.

    때문에 학교경영의 리더가 약점으로 간주되는 관리 기능은 분담하여 수행하면 교육의 성과를 거두는 데 기여할 것이다.

    ② 공동리더십

    공동리더십은 하나의 직위를 두 사람에게 맡겨서 한 사람은 임무

지향적 역할을 수행하고 다른 한 사람은 인간관계 지향적 역할을 수행하게 할 때의 리더십이다.

학급을 리드하는 교사나 학교경영의 정점에 있는 학교장을 중심으로 모든 교직원이 파트너가 되어 경영에 참여하는 바람직한 작용의 과정이어야 한다.

즉 공동의 리더십을 펼치는 방안으로 하나의 직위에서 다루어야 할 역할을 두 사람에게 분배한다는 고정된 프레임을 벗어나 조직의 인관관계 관리를 중시하는 측면이 조직 과업의 성과를 높이는 보완재로 작용하도록 하여 결국은 조직목표의 효율적 달성에 기여하도록 해야 함이 바람직할 것이다.

그래서 학교경영이 성공적으로 추진되기 위해서는 다음과 같은 리더십이 선행조치 되어야 한다.

직무분석을 통하여 직무가 명백히 정리되기 위해서는 직무가 유별화 되고 직능 차에 따른 인사를 적정히 배치하여야 한다. 그리고 직능에 맞는 직무의 분담, 직무에 따른 직권의 위양, 그리고 그에 따르는 직책이 정확하게 규정되어야 한다.

경영의 정점에 있는 최고 리더는 인간 신뢰에 바탕을 두고 구성원이 자기통제에 의하여 일하도록 지도성을 발휘하여야 한다. 공정한 실적주의에 의한 보상을 주고 교직원에게 동기부여를 하는 적절한 방안을 마련하는 일도 중요하다.

· 학교장의 공동리더십

학교경영에서도 다른 조직경영과 마찬가지로 조직의 인간관계를 중시하는 관계 지향적 리더십과 조직의 성과를 중시하는 과업 지향적 리더십을 동시에 추구해야 한다. 인화 없이 조직의 성과를 기대하기 어렵다.

인간은 단순히 돈만을 위해서 일하는 경제인이 아니라 감정을 지니고 남과 어울리고자 하는 인간이라는 사실과, 조직이 하나의 사회적 장場이다. 그러므로 인간은 사회적, 심리적 측면을 지닌 복합적인 존재이기 때문에 구성원의 정적情的인 태도는 조직의 성과를 높이는 데 매우 중요한 요인이다.

사람도 자원이다. 인적자원이라 함은 개인적인 지적능력도 중요한 요소이지만 인간이 지닌 인성적인 자질도 우수해야 품격이 있는 인적자원이라 할 것이다.

따라서 공동리더십은 과업성과를 높이는 과업 지향적 리더십과 비타민 역할을 하는 관계 지향적 리더십과 함께해야 할 것이다.

• 교사의 공동리더십

학급을 경영하는 담임 선생님은 학급원 개개인의 개성과 적성을 파악하고 그에 적합한 학습활동을 장려하여 학업 성취도를 높이고 학급과제를 분담하여 수행하도록 하는 지원활동이 공동리더십 유형일 것이다. 또한 이 같은 학습활동에 관심을 갖고 적극 참여하여 즐기도록 라포Rapport를 마련해 주는 인간관계 리더십을 추구하는 일도 빠뜨릴 수 없는 교사의 몫이기도 하다.

③ 동료리더십

동료리더십은 대상 집단원 구성원 전체에 리더십기능을 분배하고 여러 사람이 동시에 리더의 자세로 활동하도록 할 때의 리더십이다. 이 경우는 구성원 모두가 리더로서 역할을 부여받고 각자가 수행하는 리더십이다.

한편 동료의 리더십은 다른 리더십과 다를 바 없이 집단을 대상으로 하기에, 집단 효능감을 높이는 데 초점을 둔다. 즉 집단 구성원이 함께 일을 함으로써 뛰어난 업적을 달성할 수 있다는 인식이다. 집단 효능감이 높을 때, 구성원들은 그들의 집단사명을 수행하기 위해 공동으로 노력하는 과정에서 집단의 구성원과 기꺼이 더 잘 협력한다.

이를테면 집단효능감을 높이는 동료의 리더십은 '기러기의 리더십'과 다를 바 없을 것이다.

• 기러기의 동료리더십

기러기는 40,000킬로미터의 머나먼 길을 옆에서 함께 날갯짓을 하는 동료를 의지하며 날아간다. 기러기는 먹이와 따뜻한 곳을 찾아 리더를 중심으로 V자 형을 그리며, 가장 앞에 날아가는 리더의 날갯짓은 기류에 양력을 만들어 주어 뒤에 따라오는 동료 기러기가 혼자 날 때보다 쉽게 날 수 있도록 도와준다.

이들은 먼 길을 날아가는 동안 끊임없이 울음소리를 낸다. 그 울음소리는 앞에서 거센 바람을 가르며 힘들게 날아가는 리더에게 보내는 응원의 소리이다. 기러기는 40,000킬로미터의 길을 옆에서 함께 날갯짓을 하는 동료를 의지하며 날아가는 도중에 어느 기러기가 총에 맞았거나 이탈하게 되면 지친 동료가 원기를 회복해 다시 날 수 있을 때까지… 또는 죽음으로 생을 마칠 때까지…. 동료의 마지막까지 함께 지키다가 무리로 다시 돌아온다.

지금 우리는 기러기처럼 아주 멀고 험한 길을 날아가고 있다. 폭풍이 치고 비바람이 몰아치는 곳을 뚫고 날아가는 힘든 여정이다. 지금 우리에겐 당신의 리더십과 뜨거운 열정이 필요하다. 나와 당신과 우리가 함께 날아가야 할 곳이다.

• 학교장의 동료리더십과 리더십 효과 촉진

교육경영에서 동료의 리더십은 학교교육의 주체인 교직원들은 모두가 학교의 주인이고 교육의 주체라는 사명감을 갖게 하는 일이고, 개인보다는 공동체 의식을 다지게 하는 일이다.

이 같은 동료의 리더십을 추구하는 방안으로 다음의 여덟 가지 사항을 지지할 때라야 비로소 동료의 리더십의 효과를 촉진하는 데 도움이 되리라 본다.

첫째, 상호 존중과 신뢰하는 문화가 중요하다. 신뢰는 자연적으로 생겨나는 것은 아니다. 상호 간에 보호하고 지지하는 가운데 확보된다.

둘째, 상호 보호하고 상호 지지하면서도 갈등의 상황은 협력의 상황으로 만들어야 한다.

셋째, 열린 대화와 의사소통 문화를 존중해야 한다. 오히려 조용한 집단은 문제가 있는 집단이다.

넷째, 공동으로 공유하는 목표가 설정되어야 한다. 동시에 구성원들에게 여유 공간을 주어야 한다.

다섯 째, 공동의 가치와 신념을 지니도록 한다. 핵심 가치와 신념, 구성원이 지녀야 할 적절한 행동과 자세를 정확히 설명해 주어야 한다. 또한 이것은 집단의 핵심 가치로서 내재될 수 있어야 한다.

여섯 째, 개인의 목표보다 팀의 목표를 우선한다. 한편 개개인의 구성원은 자신의 자유가 제한 될 수 있다는 것을 알아야 한다.

일곱 째, 분배된 리더십을 인정한다. 또한 리더는 구성원에게 리더의 위치에 맞는 행동을 해야 한다.

여덟 째, 닫힌 시스템과 열린 시스템을 동시에 갖추어야 한다. 생존을 위해서는 안을 들여다보면서 밖을 내다볼 수 있어야 하기 때문이다.

• 교사의 동료리더십

학급경영의 주체인 담임 선생님은 학생을 대상으로 동료리더십을 어떤 방법으로 펼쳐야 할까 궁리해 본다. 학생들이 수행할 공동의 목표를 설정하고 함께하여 성취의 기쁨을 함께 맛보게 하는 교육활동을 전개한다.

학급원을 대상으로 학급과제를 수행하는 과정에서 각자의 역할을 부여하여 협동과 협업의 경험을 갖도록 하거나, 분단학습이나 동아리 활동에서 역할을 부여하고 각자 맡은 역할을 충실히 수행하도록 한다. 그렇게 되면 모두가 참여하는 집단지성의 교육활동을 장려하는 일이 되는데, 이 가치는 동료의 리더십 유형에서 찾을 수 있을 것이다.

온정적 합리주의 리더십

온정적 합리주의 리더십을 펼치는 온정적 리더는 온정적인 조직에서 비민주적인 틀을 벗어나 온정, 협력, 민주적 관행 등의 온정적 원칙에 따라서 움직인다. 뿐만 아니라 배경이나 사회적 그리고 신체적 지위에 관계없이 모든 의견을 다 들을 수 있는 공간을 만들어 주고 구성원의 참여와 혹은 임파워먼트*empowerment*의 가치가 발휘되게끔 노력한다.

온정적 합리주의 리더십이란

최근 대학과 공공기관에서 구성원들의 자발적 헌신과 따뜻하고 지속가능한 변화를 통한 진정한 위기극복을 위한 21세기 새로운 리더십 패러다임으로 온정적 합리주의 리더십에 대한 관심이 크게 증가하고 있는 가운데, 숭실대 최은수 교수2016의 설득력 있는 "온정적 합리주의 리더십*Compassionate Rationalism Leadership*" 강의를 접했다.

강의에 의하면, "리더의 행동이 합리주의에 의해 전반적으로 이루어지면서도 필요에 따라 부분적으로 온정주의가 보완되는 리더십을 의미한다. 온정적 합리주의 리더십의 기초가 되는 온정적 합리주의 *CR; Compassionate Rationalism* 패러다임은 온정주의와 합리주의를 통합한 신조어로써 합리주의를 바탕으로 하면서도 상황에 따라 온정주의를 적용하는 사고와 행동의 새로운 패러다임이다. 합리주의 패러다임에 입각한 리더십은 조직 경영과 행정에서 효율성을 극대화할수 있는 장점이 있지만 동시에 구성원들의 감정적 측면을 포용하지 못하는 등의 한계를 가지고 있다.

반면 온정주의 패러다임에 입각한 리더십은 구성원과의 정서적 관계를 통해 구성원의 자발적 헌신을 이끌어 내는 장점이 있지만 이것이 지나칠 경우 객관주의와 규범이 무너질 수 있는 위험성을 가지고 있다.

그러므로 온정적 합리주의에 충실한 리더는 인간을 배려하는 사람 중심의 온정성에만 치우치지 않고, 그렇다고 과제와 조직 중심의 합리성에만 매몰되지 않으면서 상황에 알맞은 행동을 실천함으로써 모두가 만족하는 성과를 만들어내는 사람이다.

더 이상 예측과 통제가 어려운 21세기의 급변하는 조직 환경 속에서 구성원의 자발적 헌신을 통한 따뜻하고 지속 가능한 변화와 진정한 위기극복을 위해서 벌어지고 있는 상황 속에서의 온정적 합리주의 패러다임은 자기 자신과 타인을 이끌어가야 하는 성공적 리더에게는 필수 불가결한 자질이라고 할 수 있다."

온정적 합리주의 리더십 전개 방향

온정적 합리주의 리더십을 어떤 방향으로 전개되어야 할까?

오늘날 회사와 같은 비즈니스 조직에서 보는 것처럼 삭막하고 사무적인 분위기 가운데에서 온정적 리더가 설 자리를 과연 찾아볼 수 있을까? 대답은 물론 Yes이다.

21세기 조직 운영의 효과성을 극대화하기 위해서는 이성적 활동에 근거한 인지적 정서보다는 오히려 감성적 지능이 더 필요하기 때문에 리더는 온정주의에 입각하여 균형감각을 유지하면서 공적 활동을 할 필요가 있다.

확실한 것은 온정적 리더십 특성을 보여주는 리더들은 위기관리에 능하며, 좀더 효과적으로 구성원들과 소통을 할 수가 있다. 그리고 공감과 배려의 공간을 마련해 주어 상호 성장의 신뢰 관계를 구성원과 구축할 수 있고 전략적이고도 객관성을 담보할 수 있도록 합리적으로 대응한다.

이처럼 온정적 리더는 온정적인 조직에서 비민주적인 틀을 벗어나 온정, 협력, 민주적 관행 등의 온정적 원칙에 따라서 움직인다. 뿐만 아니라 배경이나 사회적 그리고 신체적 지위에 관계 없이 모든 의견을 다 들을 수 있는 공간을 만들어 주고 구성원의 참여와 혹은 임파워먼트*Empowerment*의 가치가 발휘되게끔 노력한다.

온정적 합리주의 리더십의 효과

온정적 합리주의 리더십의 효과를 살펴보기로 한다. 영국의 남극 탐험가 섀클턴 경은 온정적 합리주의 리더십 역량을 발휘함으로써 절체절명의 위기에 처한 대원 모두를 구해냈다.

그는 자신과 부하들이 타고 있던 인듀어런스*Endurance*호가 파괴되어 한파에 꼼짝 못하는 상황 하에서도 2년간에 걸쳐서 대원 한 사람

한 사람 보살피면서 어려움에 처한 사람을 우선하고 자신의 안락을 뒤로 했다.

그는 상황이 아무리 절박하더라도 항상 낙천성을 잃지 않았다. 무엇보다 그의 뛰어난 점은 극도로 어려운 상황에서도 대원들이 서로 화합하도록 하는 합리적인 능력이 있었기에 가능했다. 업무를 섞고 순번제로 일을 하도록 함으로써 그는 대원들이 서로 공평하게 대하고 관계가 좋아지도록 했다. 그는 업무 능력을 중요시하였으며, 자신도 예외가 아니었다.

팀원 모두를 리더로 대하는 이와 같은 방식을 통해서 그는 대원들과 하나가 되었다. 결국 모든 대원을 절체절명의 위기에서 구해냈는데, 이 사례는 온정적 합리주의 리더십의 바람직한 표본으로 간주되고 있다.

교사의 온정적 합리주의 리더십

이성적이고 합리성이 존재하는 교육 조직으로 리드하기 위한 교육 경영에서 온정적 합리주의 리더는 어떤 방향에서 리더십을 펼쳐야 할지 궁리해 본다.

먼저 학급원 스스로가 자율적으로 학급 관리를 수행할 수 있도록 하는 온정적 합리주의 담임 교사가 펼친 2012년 어느 학교의 저학년 학급의 사례를 전해 듣고 소개해 본다.

이 학급은 본디 생활 질서가 문란하고 욕설이 난무하여 온정적인 학급 분위기를 해치고 힘이 센 애가 동료 학생의 리더가 되어 담임 선생님을 집단 따돌림의 대상으로 취급하게 하는 등 문제점이 많은 학급이었다. 그래서 학교장은 문제 학급으로 취급받는 원인을 진단 해 보았다. 진단 내용으로는 학급 학생들의 학력, 문제 학생으로 지목받는 학생의 특성, 학급의 학습 환경, 담임 선생님의 리더십을 분석하였다.

본 학급은 다음과 같이 진단되었다. 지난 해의 학년 말 전全 학생들의 학력을 기반으로 등질 집단이 되도록 고르게 반을 편성하였기에 새 학년도의 학력 상의 출발점은 다른 학급과 차이가 거의 없었다.

학습 환경은 담임 선생님이 타 학급 담임보다도 아침 늦게 출근하기에 일찍 등교한 학생들은 아침 자율학습보다는 소란을 피우는 일이 잦았고 아침 공부감이 없었다. 그리고 교사 주도의 일방적 설명식 수업이며 질문이 없는 수업으로 일관되었던 실정이었다. 담임 선생님의 학생 지도 방법은 칭찬은 멀리하고 꾸중과 질책이었다.

이 같은 교사주도 학급운영이었음에도 불구하고 속된 말로 학생들을 이기지 못하여 끌려다니는 리더십 부재의 어려운 학급환경이었다. 게다가 문제 학생들의 공통적인 특성은 속박에서 벗어나 자율을 추구하고 싶으나 그렇지 못하고 욕구 불만으로 가득 차 있었다. 반면 학습부진학생이 없고 학습할 수 있는 능력은 갖추어졌음에도 학생 개개인의 학력은 낮았다. 그러던 중 담임 선생님은 학급관리의 무게감에 지친 나머지 휴직을 하고 새로운 선생님이 학급 담임을 하기에 이르렀다.

새 담임 선생님은 이 학급의 실정을 교장으로부터 전해 듣고 온정적인 학급운영을 시도했다. 우선 학급을 교사주도가 아닌 학생중심으로 운영하였다. 학급관리에 있어서도 학생들에게 1인 1역할을 정하여 맡은 바 책임을 다하도록 하였다.

바른말 사용하기 부장, 예습과제 수행 조사 부장, 교실 질서 생활 선도 부장, 신발장 관리 부장, 어려운 일을 도와주는 배려 부장 등 모두 학급원이 역할을 선생님처럼 수행하도록 하였다. 그리고 문제 학생으로 지목받는 학생을 대상으로는 해당 학생들의 바람직한 정적인 행동이 발견되면 칭찬을 아끼지 않았고 부적응적인 행동은 심리적인 행동 수정 기법을 적용하여 오히려 올바른 행동을 유발하는 기회로 삼았다.

그리고 이들의 욕구 불만이 많은 학습면과 생활면에서 출발점을 진단하고 이를 처치하는 데 주력하였다. 학습방법도 동료학생과 함께 공부하는 집단학습 기회를 늘리고, 질문이 있고 생각하는 수업을 전개하여 그야말로 학생주도의 수업이 되도록 하는 데 게을리하지 않았다.

이같이 담임 선생님의 온정적 합리적인 리더십을 펼친 학급운영의 결과는 모든 학생이 역량이 있는 집단으로 탈바꿈한 우수한 사례이다.

학교장의 온정적 합리주의 리더십

학교교육을 총괄하는 관리자는 어떠한 관점에서 온정적인 합리주의 리더십을 펼쳐야 할까? 아무래도 리더십의 영향을 받는 소속 구성원이 온정적이면서도 합리적이라는 감정이 가슴에 와 닿아야 할 것이다. 리더가 온정적인 합리주의 리더십을 펼칠지라도 상대의 가슴에 와 닿지 않으면 영양가가 없는 리더십일 것이다.

이를테면 맛집을 찾는 손님은 주방장이 요리한 음식을 맛보고 맛있다고 느껴질 때이어야 맛집으로 이름을 남길 것이기 때문이다. 따라서 리더의 온정적인 합리주의 리더십에서 우러나온 맛을 상대가 느끼도록 하는 방안을 추구해 본다.

온정적인 합리주의 리더십은 학교장과 구성원과의 정서적 관계를 통해 구성원의 자발적 헌신을 이끌어 내는 데 중요한 변수가 있다. 소속 구성원이 학교장과의 관계에서 정서적인 유대감을 몸소 느끼도록 하는 학교장의 품격을 몇 가지 밝혀 본다.

인간은 누구나 존귀한 존재로서 인정받기를 원한다. 때문에 학교장은 항상 구성원에게 인간적 흥미를 갖고 그만이 갖고 있는 유일한 장점을 솔직하게 인정해 준다. 또한 그가 하는 일에 대하여 변함없는 인간적 관심을 기울임으로써 중요한 존재로서의 느낌을 가질 수 있도록 한다. 인간의 생김새가 모두 다르듯이 개인차 또한 모두 다르다.

그러므로 리더는 소속 구성원의 개인차에 관심을 기울이고 그것을 잘 보살펴 줌으로써 구성원 자율적으로 능력의 신장을 도모하도록 자긍심을 심어 준다.

한편 학교장은 구성원들이 무엇을 요구하고 있는가를 알아차리고 요구에 대한 호응력을 가져야 하며, 학교장 자신과 조직이 처한 현재의 입장과 장래의 전망을 살펴보고 조직을 올바른 방향으로 리드해야 한다.

사려 깊은 학교장의 처신도 요구된다. 사려 깊은 학교장은 부하 직원이 처한 문제에 공감을 갖고 함께 해결할 수 있다는 감정이입이 작동되기 때문이다.

학교장의 역할을 소속구성원에게 분담시키는 일도 필요하다. 리더인 학교장은 리더십에서 요구되는 모든 능력을 혼자 독점해서 수행할 수도 없으며, 또한 그렇게 해서도 안 된다. 학교장은 업무를 수행하는 데 필요한 권한을 교감 또는 부장 선생님에게 위양하고, 그 일의 결과에 대한 종국적 책임은 항상 자신에게 있다는 사실을 잊어서는 안 되도록 책무성을 부여한다.

그러므로 학교장은 적절한 통제수단에 의하여 부하직원이 올바른 방향으로 업무를 수행하고 교실 수업을 밀도 있게 실천할 수 있도록 지원해 주어야 한다.

특히 자기중심이 우선이고 공동체의식이 메마른 오늘날은 온정적 합리주의 리더십으로 학교교육을 리드하는 학교장과 학급담임 선생님은 늘 화목하고 열의가 넘치는 집단으로 선도하고 조직의 사기를 일정한 수준으로 유지시키는 데 소홀하지 않아야 한다.

그래야만 구성원 모두의 만족도를 높이고 교육의 생산성을 높이는 데 기여할 수 있기에 적극적으로 권장하는 리더십으로 평가받고 있다.

화이부동 리더십

우리네들이 사회생활을 하는 가운데 화이부동 하는 사람이 주변에 많다. 그들은 대화를 좋아하고 소통할 줄 알며, 서로가 공존하며 협력할 줄 아는 사람이다.

한 사람 한 사람의 인격을 서로 존중하고 각자의 자유가 소중하듯이 남의 자유와 권리도 소중이 지켜주는 그런 세상. 또 사람마다 개성과 소질과 능력이 각각 다름을 인정한다.

이러한 다양성이 각자의 제 빛깔을 발휘하여 마치 거대한 오케스트라의 악기들처럼 마음껏 제 음색을 내어도 다른 소리를 방해하지 아니하고 화음을 이루어 아름다운 음악을 들려주는 그런 세상에서 누구든지 살고 싶도록 만들어 가는 리더십이다.

공자가 제시한 리더의 조건

공자는 군자의 조건, 즉 리더의 조건으로 여러 가지를 강조했다. 그 중 우선 순위에 오르는 것이 편가르기 하지 말고 개방적인 인간이 되라는 것이다. 공자는 유독 조화와 뇌동의 차이에 대해 경계의 죽비를 여러 번 내리쳤다.

자로 편에서 "군자는 조화를 이루되 뇌동하지 않고, 소인은 뇌동하면서도 조화를 이루지 못한다군자 화이부동 소인 동이불화君子 和而不同 小人 同而不和."고 했다. 서로 화합하고 어울리지만 동화되지 않고, 서로 다르지만 화합할 수 있는 게 바로 군자의 덕목이다. 화합하되 천편일률千篇一律적이지 않고, 서로 달라도 충돌하지 않고 다른 의견을 인정하면서도 큰 틀의 화합을 꾀한다는 논지이다.

그는 위령공 편에서도 "군자는 어울리되 비교하지 않고, 소인은 비교하되 어울리지 못한다군자 주이불비 소인 비이부주君子 周而不比, 小人 比而

不周"고 했다. 우르르 무리지어 몰려다니며 '단지 우리 편'이란 이유만으로 자신의 가치관과 철학을 팽개치지 말고, 편견에 휩싸이지 않고 주관을 세워야 한다는 논지이다.

화이부동 리더십이란

팔로워의 입장에서 소신 있는 반대가 필요하고, 리더의 입장에서 다양한 조직원의 의견을 수렴할 필요가 있음을 일러주고 있다. 우리네들은 사회생활을 하면서 화이부동 하는 사람이 주변에 많다. 그들은 대화를 좋아하고 소통할 줄 알며, 서로가 공존하며 협력할 줄 아는 사람이다.

이와는 반대로 동이불화하는 사람도 심상치 않게 접할 수 있다. 그들의 공통점은 서로 반목하고 싸움질을 즐겨하고 경직된 사고방식을 지향하며 지배하려 드는 성향을 보인다.

한편 화이부동과 비슷하게 자주 사용되는 구동존이求同存異라는 말을 인용하지 않을 수 없다. 오래전 1955년 4월 18일 인도네시아 반둥에서 '아시아·아프리카 회의'가 열렸다. 아시아와 아프리카 지역 신생 독립국의 정치 세력화를 위한 자리였다.

저우언라이周恩來 당시 중국 외교부장이 회의에 참석해 연설을 했다. 그중에 이런 말을 했다. "우리 같은 점을 찾을 뿐 다른 점은 강조하지 맙시다. 공통점을 먼저 찾아 합의하고, 이견이 있는 부분은 남겨둡시다. 그러면 역사와 민족이 다르더라도 서로 화합하고 발전할 수 있을 것입니다." 이 같은 연유에서 '구동존이'라는 말이 등장하게 된 계기가 되었다. 저우언라이는 이 말로 29개 참가국 대표들의 마음을 움직였고, 회의는 중국의 의도대로 흘러가게 되었다.

중국 고대 사전에는 '구동존이'라는 말이 나오지 않지만, 다만 공자의 '화이부동'과 맥을 같이 한다고 할 수 있다. 이후 '구동존이'는 각국의 협상 전략이나 협상 테이블에서도 자주 등장하곤 하는 리더십 유형이기도 하다.

화이부동 리더십은 오케스트라의 아름다운 화음

지금까지의 소개된 '화이부동'은 민주적 리더십의 근본으로 구성원 각각의 개성과 생각이 다름을 존중하되 하나의 목표를 추구하기 위하여 하나가 되어야 한다는 것을 일러주고 있다. 역설적이지만 화이부동 리더십이 꽃피는 세상을 그린다면 다음과 같은 소망으로 비춰진다.

한 사람 한 사람의 인격을 서로 존중하고 각자의 자유가 소중하듯이 남의 자유와 권리도 소중히 지켜주는 그런 세상. 또 사람마다 개성과 소질과 능력이 각각 다름을 인정한다. 이러한 다양성이 각자의 제 빛깔을 발휘하여 마치 거대한 오케스트라의 악기들처럼 마음껏 제 음색을 내어도 다른 소리를 방해하지 아니하고 화음을 이루어 아름다운 음악을 들려주는 그런 세상에서 누구든지 살고 싶을 것이다.

게다가 신념과 가치관이 서로 달라 믿음이 다를 수 있기에 다른 종교를 인정하고 존중하며 사이좋게 공존하는 그러한 나라에서 살고도 싶을 것이다. 인간뿐 아니라 모든 생명체와 자연까지 어울려 더불어 살아가는 그런 세상이라면 더욱더 좋은 세상일 것이라고 추구해 본다.

21세기는 화이부동으로 엮어진 수평사회

더군다나 21세기의 정보지식사회의 조직형태는 수평조직과 네트워크로 표현된다. 여기에서는 각자가 자기 고유의 역량을 갖추고 이를 바탕으로 다른 역량과 자원을 가진 사람들에게 효과적으로 네트워크 되어야 생존할 수 있다. 이러한 네트워크 사회에서는 나 혼자만이 살아서 되는 게 아니고 다른 사람과 같이 살아서 전체적으로 다양성을 지닌 공동체를 형성해야 하는 것이다. 네트워크 조직 속에서는 어느 한 개인이 지속적으로 리더가 되지 않고, 그때그때의 상황에 따라 리더의 위치가 변화한다. 이때 나머지 네트워크 참여자들은 그 리더를 지원한다.

그래서 화이부동으로 윈-윈*win-win* 전략이라는 이름 아래 개인 간, 조직 간의 다양한 형태의 연대와 협력을 통한 공생을 주장하는 시각이 크게 일반화되고 있다.

교사의 화이부동 리더십

화이부동 리더십의 속성을 간직한 교육리더는 교육경영에서 어떠한 효과를 가져올 수 있겠는지 리더의 유형을 그려본다.

학급경영을 담당하는 선생님은 우선 학생들의 개인차와 개성을 존중해 주는 일부터 출발해야 한다. 인간은 누구든지 각 개인이 갖는 특성이 있다. 각 개인이 갖는 특성을 존중하고 그 특성, 자질을 계발시키는 개성교육이 필요하기 때문이다. 개개인이 지닌 특성을 부모와 선생님의 의도대로 바꾸지 말아야 한다. 바꾸려고 하여도 바뀌지 않는다. 억지로 바꾸려고 하는 개성교육은 애들의 꿈을 깨뜨리는 것과 다를 바 없다. 애들의 개인차도 존중해 주어야 한다.

자라나는 애들은 개인적으로 여러 분야에서 잘할 수 있는 가능성을 지니고 있다. 우선 좋아하는 것을 좇아 끼를 키워가도록 도와주어야 한다. 좋아하는 것에 미치다 보면 잘할 수 있다.

수업에서는 토론학습을 장려하고 토론경험을 확보할 수 있도록 학교시책으로 마련해야 한다. 토론 공부는 서로 다름을 인정하면서도 같음을 추구하는 방법이다. 서로 다름을 인정하지 못하면 이 사회는 공존하기 어렵고 평화가 깨뜨려진다. 때문에 토론의 경험이 확보되면 구성원 간의 서로 같음은 나누면서 즐기게 되고, 다름은 인정해 주고 서로를 존중하는 문화가 형성된다. 토론에 의하여 자신이 선택한 가치를 자유롭게 추구하고 존중하게 되어 다양성이 존중받는 사회를 건설하는 바탕이 되는 방법이기도 하다.

집단지성교육도 화이부동 리더가 장려해야 할 교육유형이다. 국회에서 국회의원들이 정파 간에 밀고 당기는 이전투구식의 싸움 모습을 심심찮게 접하곤 한다. 이 같은 불미스러운 가장 큰 요인 중의 하나는 과거 그들이 집단지성교육의 경험이 부족했기 때문에, 자기 당파 이익만 내세우고 자기주장만을 일삼는다고 감이 주장해도 잘못된 생각은 아닐 것이다.

최소한 그들이 학교교육에서 집단지성의 힘을 빌려 공부한 경험이 있었더라면 토론과 협상을 통하여 국사를 논하는 모습을 국민에게 보여주었을 것이다.

우리는 다수의 사람의 지성적 힘을 말할 때 '집단지성'이라는 말을 사용한다. 비전문가들이 포함된 웹상에서 다수의 사람들 지성의 정확성이 소수의 전문가 집단의 생각이나 자료들보다 낮다는 것에서 나온 말이다.

학교장의 화이부동 리더십

따라서 학교관리자가 학교교육활동을 추진할 때나 교사가 수업 실천과정에서 동료들과 상호작용을 통해 질적으로 우수한 인지능력을 갖게 할 수 있도록 하는 리더의 안목이 필요하다.

상호작용 방법으로는 협동학습이나 협력에 의한 분단 및 모둠을 통한 교육활동, 발현적 과정의 프로젝트 활동 등은 집단지성의 힘을 빌려 서로의 지식을 늘려서 결국은 고차원적인 사고를 창출할 수 있는 에너지원이 된다.

특히 학교경영의 최고관리자는 혼자의 힘으로 리드한다는 고정관념을 버려야 한다. 관리자 혼자만이 달리는 조직에서는 양질의 교육 산출물이 불가능할뿐더러 독선과 오만이 넘쳐 공존과 화목을 파괴한다.

리더가 차별화되어 있는 성원 모두의 개별적인 능력의 힘과 각자가 지닌 개성을 존중하여 그들의 집단지성의 지혜를 모은다면 조직의 앞날은 밝아 오래도록 공존하면서 질 높은 교육의 생산력을 창출할 수 있다.

21

원칙리더십

다양한 정보와 구성원의 다양한 목소리가 존재하고 요구사항이 많은 21세기를 이끌어갈 리더의 자질은 원칙을 존중하며 도덕적 권위를 갖추어야 한다.

이 같은 덕목을 갖춘 리더는 내부고객이자 지식 근로자인 구성원을 섬기고 존중하는 패러다임을 지니고 있기 때문에 인정과 신뢰를 받으며 충성을 이끌어 낼 수 있는 리더십이 원칙리더십이다.

원칙은 보편 타당한 덕목

리더십이란 다른 사람들을 지도하고 통솔하는 능력이라고 하지만, 따르는 사람이 없다면 혼자 걸어가야만 한다. 리더십이란 바로 신뢰를 바탕으로 한 영향력이기 때문이다. 구성원들에게 신뢰를 받지 못하는 리더는 그들에게 영향도 미치지 못할 것이며, 리더를 따르지 않을 것이다. 이때 신뢰를 받지 못한 리더가 요구되는 자질은 바로 원칙*principles*이다. 원칙은 예나 지금이나 변하지 않는 것으로 '하늘의 법'이다. 그것은 시간과 공간을 초월한 보편타당한 것이기 때문에 아래의 '피라미드가 되기 위한 원칙' 이야기에서 밝힌 것처럼 4,000년 전 이집트에서 통용되던 법칙을 알게 되면 6,000년이 지난 지금의 한국에서도 적용될 수 있는 덕목이기도 하다.

원칙은 삶의 공식

서울대 배철현 종교학과 교수는 '원칙의 중요성'을 다음과 같이 피력했다.

"기원전 27세기에 살았던 이집트의 수상이자 수학자였던 임호텝은 하늘과 땅을 이어주는 천상의 건물 피라미드를 지었다. 그는 높이 147미터의 거대한 피라미드를 20년에 걸쳐 완성한다. 2.5톤이나 나가는 직사각형 바위를 230만 개 쌓아 올리는 불가능한 작업이다. 230만 개나 되는 바위가 흔들리지 않게 자리를 잡고 전체적으로 조화롭게 어울려야 한다. 완벽한 피라미드가 되기 위한 원칙이 있다. 이 원칙은 다름 아닌 건물의 중심에 타조 깃털을 놓는 행위이다. 타조 깃털은 '마땅한 것'을 적재적소에 표시하는 물건이었다."

피라미드를 건축할 때 이 원칙을 지켰기 때문에 전체적으로 조화롭고 위대한 건축물이 탄생했다는 실증 사례이다. 배 교수는 이 사례를 제시하면서 "원칙이란 자신의 삶에서 다양한 우선순위를 숙고하여 그 가운데 가장 중요한 것을 선택하는 과정이다. 원칙은 자신의 삶을 숭고하고 탁월하게 만드는 인생의 수학공식이고 위대한 건축물이 흔들리거나 무너지지 않도록 버티는 삶의 수학 공식이다."라고 개념화하였다.

곰곰이 생각해 본다. 인간이 살아가면서 원칙이 없다면 무질서한 사회가 조장되어 불법이 정의를 이길 것이며, 반칙이 원칙을 밀어낼 것이다. 이를테면 운동 경기에서 원칙이 없다면 공정한 게임이 이루어질 수 없어 반칙에 능한 팀이 승리할 것임은 두말할 나위 없다. 동물이 사는 정글 사회에서도 그들이 살아가는 원칙이 존재하기 때문에 생태계는 유지되어 오고 있다. 다만 인간이 정글 사회의 원칙을 파괴하기 때문에 생태계가 위협을 받고 있을 뿐이다.

원칙리더십이란

다양한 정보와 구성원의 다양한 목소리가 존재하고 요구사항이 많은 21세기를 이끌어갈 리더의 자질은 원칙을 존중하며 도덕적 권위를 갖추어야 한다. 이 같은 덕목을 갖춘 리더는 내부고객인 지식근로자이자 구성원을 섬기고 존중하는 패러다임을 지니고 있기 때문에 인정과 신뢰를 받으며 충성을 이끌어 낼 수 있는 리더십이 원칙리더십이다.

기관의 리더나 정당의 지도자들은 자기관리 능력과 대인관계 능력이 부족하고, 수신修身이 안 돼 불신을 받는 경우가 아주 많다는 언론 보도가 잦다. 기업이나 공사, 국가 및 정부기관의 수장들이 훌륭한 장점을 많이 가지고 있음에도 불구하고 원칙을 벗어난 변칙적인 행동으로 신뢰를 받지 못해 지탄을 받고 있음을 부정할 수 없다.

우리나라 헌정 사상 정당하게 권력 이양을 하지 않는 정부는 대통령 이하 국가의 살림을 맡아 일하는 관료들이 원칙을 벗어나서 사익 추구와 자기편을 위하는 데 초점을 두고 정책을 수립하고 집행하였다. 그리고 비선조직에 의한 반칙적인 정부운영으로 부정과 부패가 연속적으로 이어져 오는 등 비정상화가 정상화로 둔갑했다.

이처럼 가치관이 흔들리고 사회가 혼란스러운 때에 가장 필요한 것이 바로 불변의 법칙인 '원칙을 기반으로 한 원칙 중심의 리더십'이다. 원칙이 바로 서지 않고 중요하게 여겨지지 않을 때는 아무리 새로워지려고 애를 써도 진정한 변화를 이뤄낼 수 없다.

원칙리더의 자질

원칙주의 리더가 지녀야 할 자질 몇 가지를 밝혀본다. 원칙리더십의 정의에서 밝혔듯이 그 어느 때보다 정의*justice*가 혼돈된 21세기를 이끌어갈 리더는 원칙중심의 리더, 도덕적 권위를 가진 리더가 절실히 요구된다. 도덕적 권위를 갖춘 리더는 내부고객인 지식 근로자인 구성원을 섬기고 존중하는 패러다임을 지니고 있기 때문에 인정과 신뢰를 받으며 충성을 이끌어 낼 수 있다.

원칙중심의 리더가 되려면 다른 사람을 이끌기 전에 셀프 리더십을 먼저 갖춰야 한다. 우리는 흔히 자리가 사람을 만든다고 한다. 또한 지위가 있으면 구성원이 저절로 따라온다고 믿는 우리네들은 자신의 말과 주장이 얼마나 설득력이 있는지 고려하지 않은 채 직위에 따라 그저 시키거나 지시에 능하다. 깐깐하게 점검하고 지시하고 통제하는 것을 리더의 역할이라고 착각한 것이다.

이를테면 회사의 리더가 금연빌딩에서 금연을 요구하면서 자신은 담배를 피운다. 회사가 정해 놓은 원칙과 규칙은 직원들에게는 엄격하지만 스스로에게는 관대하다. 이럴 때 직원들은 리더 앞에서는 "네, 네." 하지만 돌아서면 네 손가락을 펼치면서 '너나 잘해'라고 말한다. 때문에 리더십은 자신이 먼저 신뢰할 수 있는 사람이 된 다음, 상대방의 잠재 능력을 최대한 발휘할 수 있도록 임파워 시켜주기 즉, 동기를 부여해 잠재 능력을 발휘하게 해주며 조직원들이 시너지를 내서 조직을 성공하게 하는 능력이다.

교사의 원칙리더십

원칙리더십을 실천해야 하는 교육경영은 어떠한 리더십을 펼쳐야 하는지 궁리해 본다. 학급경영에서 담임교사는 아침 일찍 등교해서 독서활동을 권장하라는 원칙을 제시하면서도 교사가 늦게 출근한다면 어떨까?

학생들을 복도에서 우측통행을 지시하면서도 교사 자신은 좌측통행을 일삼는다면 질서를 지키라는 담임교사의 큰 소리에 모두 듣는 척하지만, 애들은 역시 마음속으로 '너나 잘해'라고 하지 말라는 법은 없다.

집필자 자신도 학급 담임을 맡을 시 학생들에게 책상 위 정리, 서랍 속 정리를 외쳤지만 정작 담임교사인 나 자신의 책상 위 정리가 안 되어서 학생으로부터 "선생님 책상 위도 정리가 안 되었다."라고 되받아 호통을 받은 적이 있다. 리더가 수범하여 원칙을 준수할 때라야 추종자들도 리더와 함께하며 교육적 파급효과도 크다는 교훈이다.

모방교육이 상당한 영향을 미친다는 것은 널리 알려진 사실이다. 바람직하지 않는 부적응 행동이 좋은 행동인 정적인 행동보다도 훨씬 모방의 파장이 크다. 그러니 담임교사는 학생들을 상대로 올바른 품위와 행동의 원칙을 수범하였을 때 수동적으로 받아들인 학생의 학습의 효과가 클 것이다. 특히 교사는 학생들에게 교사의 관심이 학생에게 긍정적인 영향을 미치는 심리적 요인 즉 '피그말리온효과'를 미치게 하는 모델로서 원칙을 존중하는 교사상이 확립되어야 한다.

학교장의 원칙리더십

학교경영의 정점에 있는 학교장과 교감은 원칙리더십에서 어떤 위치에 있어야 할까? 학교관리의 최고의 리더가 원칙을 잃으면 모든 것을 잃는 것과 다를 바 없다. 원칙이 없음은 길이 없는 것과 같다. 길이 없을 때 길을 걷는 사람은 헤매일 수밖에 없듯이, 원칙이 없는 조직의 구성원은 무엇을 어떻게 수행해야 하며, 무엇에 대한 평가의 잣대는 무엇인지 가늠할 수 없기에 업무의 효과성과 생산성이 떨어질 것이다.

학교관리자는 소속 구성원을 대상으로 학급담임 배정, 교무분장, 교내인사, 재정관리, 교내 인사관리 등은 학교 자체에서 규정한 원칙이나 상급 교육관청에서 규정한 원칙, 관련 법규 등에 따라 집행되어야 한다. 그렇지 않고 집행자가 원칙에 준한 공평한 적용을 저버리고 원칙을 관리자의 용도에 맞게 이기적인 용도로 사용된다면 소속 구성원들 자기들도 이기적이고 질서를 저버린 역할을 수행할 수밖에 없을 것이다. 원칙을 저버린 리더십은 오늘날도 심심찮게 유행하고 있는 "코에 걸면 코걸이, 귀에 걸면 귀걸이", "유전무죄, 무전유죄"라는 유형을 자초하게 된다.

원칙을 존중하는 리더는 학생중심 교육 수행

원칙이 무시된 조직은 한 계층 안에서도 구성원들 사이에 이기적인 행동양식이 나타나게 되고, 다른 구성원의 권리를 부정하는 현상이 대물림된다. 때문에 리더가 원칙을 존중한다는 것은 조직의 생존과 조직의 생산성을 좌우한다. 훌륭한 리더십은 원칙을 먹고 사는 리더에게 붙여진 아름다운 별칭일 것이다.

아마도 원칙을 존중하는 리더는 로마의 법률가 올피아누스가 "정의는 각자에게 그의 정당한 몫을 나누어 주려는 변함없고 영원한 의지"라고 하였듯이, 원칙 또한 정의는 각자의 몫에 해당하는 사회적 가치를 배분해 주고, 그 가치를 향유할 수 있게 해주는 공정한 분배의 잣대 기준 역할을 수행할 것이다.

특히 오늘날의 교육은 다양한 특성을 지닌 인재들이 다양한 분야에서 능력을 발휘할 수 있도록 다품종 소량생산에 부응한 고부가 가치화에 치중하는 교육모델을 지향하고 있다. 이 같은 교육모델을 선도할 리더는 끊임없는 자기계발을 통해 내적 성품의 덕, 셀프 리더십을 갖추어 원칙중심의 리더십을 펼쳐 나아가야 한다.

원칙을 중시한 교육경영 리더는 반칙 없는 학생중심의 교육경영을 소신껏 펼칠 수 있어 교육경영의 능력에 대한 신뢰를 인정받게 될 것이다.

슈퍼리더십

슈퍼리더십*Super Leadership*은 조직원 모두를 리더로 육성하는 리더십이다. 이것은 추종자들이 스스로 리드할 수 있도록 돕는 리더십을 가리킨다. 여기에서 조직원들은 단순 추종자가 아닌 자발적인 자율리더*Self Leader*로 육성된다.

이 시각은 환경변화가 빠르고 따라서 현장의 고객점검 사원에 의한 즉각적 의사결정과 집행이 요구되는 오늘날의 상황에 적합한 리더십 개념이며 가장 현대적인 리더십으로 분류되고 있다.

21세기가 추구하는 슈퍼리더십

20세기는 리더는 한 사람이고 나머지는 모두 리더의 말에 따라 행동하는 추종자라는 시각을 가졌으나 21세기에는 조직의 모든 사람이 리더라는 시각이 대두 되었다. 조직의 모든 사람이 리더가 되기 위해서는 슈퍼리더십이 필요하다.

슈퍼리더십의 개념과 탄생

슈퍼리더십은 리더의 통솔이나 지도행위가 없더라도 조직 구성원들의 역할과 임무를 명확하게 하여 팔로워*Follower*들의 행동을 통제하고 조직의 목표를 달성할 수 있다는 이론인 리더십 대체이론*Leadership replacement theory*으로 분류되기도 한다.

슈퍼리더십*Super Leadership*은 조직원 모두를 리더로 육성하는 리더십이다. 이것은 추종자들이 스스로 리드할 수 있도록 돕는 리더십을 가리킨다. 여기에서 조직원들은 단순 추종자가 아닌 자발적인 자율리더*Self Leader*로 육성된다.

이 시각은 환경변화가 빠르고 따라서 현장의 고객점검 사원에 의한 즉각적 의사결정과 집행이 요구되는 오늘날의 상황에 적합한 리더십 개념이며 가장 현대적인 리더십으로 분류되고 있다.

보다 자세히 밝히면, 슈퍼리더*Super Leader* 밑에는 스스로 잘 훈련한 슈퍼추종자*Super Follower*들이 양성되는데, 이 슈퍼추종자들은 자율리더십*Self Leadership*을 통해서 리더로 육성된다. 그 과정은 다음과 같다.

① 리더가 비전을 설정한다.
② 자신과 추종자를 위한 목표를 설정한다.
③ 목표 달성에 도움이 되는 성과를 강화시킨다.
④ 건설적이고 합당한 꾸지람을 한다.
⑤ 변화를 관리하고 촉진시킨다.
⑥ 추종자들에게 '할 수 있다'라는 자기개념*Self-Efficacy*을 심어준다.
⑦ 모델을 활용한다.

이러한 추종자 정신은 팔로워십*followership*의 성공을 위해 중요하다는 것이 최근에 많은 연구에 의해 밝혀지고 있다.

팔로워십 연구는 부하의 특성, 행동 및 리더와의 상호작용을 연구하는 것으로 부하도 리더에게 영향을 미친다는 가정 하에 '상향적 영향력Upward Influence' 과정에 대한 연구를 말한다. 이 연구에 의하면 유능한 부하는 다음의 네 가지 특징이 있다고 한다. 독자적인 능력과 업무 수행 능력이 뛰어나고, 자신의 이익을 뛰어넘는 조직과 집단에 몰입하고, 자발적 노력으로 자기능력을 개발하고 정직, 신뢰 및 높은 도덕적 기준을 들고 있다. 리더십 연구는 부하를 연구 대상으로 한 팔로워십 연구가 병행될 때 리더십의 본질을 파악할 수 있다고 보인다. 그래서 미래의 조직에서는 적당한 리더십으로 슈퍼리더십을 선호하리라 예측된다.

이제 교육경영에서 리더십은 경영자 중심의 지휘통솔이 아닌 전 구성원이 리더라는 패러다임이 일반화된 사고방식이고 이 사고가 조직의 생활문화 속에 자리 잡아야 한다는 것이 필자가 보는 21세기 리더십의 견해이다.

학교장의 슈퍼리더십

학교조직에서 학교장이 슈퍼리더십을 효과적으로 발휘하기 위해서는 우선 학교장 스스로 자율리더십셀프리더십의 모델이 되는 것이 중요하며, 구성원이 최고리더를 본받아 자율리더십을 발휘할 수 있도록 긍정적인 사고방식을 촉진시켜야 하는데, 이는 조직구성원이 변화할 수 있도록 변화 담당자로서의 역할이 중요하다.

한편 구성원 스스로 목표를 설정할 수 있도록 도와주고 과업을 수행하는 과정에서 내재적으로 동기부여를 유도하는 역할도 필요하다. 더 나아가 각종 지원을 통해 자율리더십이 조직문화로 정착될 수 있게 만드는 것 또한 슈퍼리더의 몫이다. 학교나 교회 같은 규범사회는 과업 지향적인 관계보다는 인간관계를 중시하는 관계 지향적인 조직이다.

때문에 학교경영에서 슈퍼리더는 조직의 활력을 불어넣고 창의와 쇄신을 위해 순기능적인 갈등을 적절히 조성하여 교육과제를 자율적으로 수행하게 하는 자율리더십을 키우게 되어 상향적 영향력이 전통적 하향적인 영향력을 무력화하는 길이기도 하다.

교사의 슈퍼리더십

학급경영의 리더인 교사는 교사 자신이 슈퍼리더십을 발휘하는 슈퍼리더이고 학급원에게는 학급구성원 모두를 자율리더로 키워야 한다.

슈퍼리더인 담임 선생님이나 교과담임은 학급원이 보유한 잠재역량을 자극하고 개발하고 멘토링 하여 스스로 자기 자신을 이끌어갈 수 있게 끊임없이 촉진 시키는 리더십을 발휘해야 한다.

슈퍼리더는 학생 자신의 수준에 적합한 학습 목표를 설정하고 그 목표를 성취하도록고자 문제 해결의 주체가 되는 자기주도적 학습역량을 키워주어야 한다. 학습뿐만 아니라 학교생활의 역할분담이나 학급활동도 제삼자의 입장에서 바라보는 수동적인 입장에서 벗어나 학생 스스로가 문제해결의 주체가 되어 매사에 수범을 보이고 선도하는 등 능동적인 자율리더가 되도록 지원하는 것은 슈퍼리더의 역할이다.

21세기의 리더는 소속구성원들의 창의적이고 자기주도적인 역량을 발휘할 수 있는 리더십 패러다임이 요구되는 시대인 만큼 슈퍼리더십은 시대가 요구하는 현대적인 리더십이다.

23

상황리더십

상황리더십은 현재의 추종자의 준비 수준에 따라 리더로 하여금 가장 적절한
리더십을 선택할 수 있게 해준다.
이를테면 추종자나 집단의 의지가 없고 심리 상태 및 조직의 안정 정도가 불안
정한 경우는 지시적 리더십을 적용한다. 그리고 추종자나 집단이 무능력하지만
의지력이 있거나 자신감을 갖고 있으면 설득적 리더십 유형이 바람직하다.
상황리더십은 리더십 과정에서 리더가 상황에 알맞은 리더십 유형을 선택하여
발휘할수록 영향력을 보다 효과적으로 행사할 수 있다.

상황리더십

리더십은 일정한 상황 하에서 목적성취를 위해 개인이나 집단의 활동에 영향을 미치는 과정이다. 리더십은 리더(l), 구성원인 추종자 (f), 상황적 변수(s)의 함수(function)가 리더십(L)이라 할 수 있다. 저자는 이 장章을 포함하여 L=f(l, f, s) 모형에 초점을 두고 23가지의 '리더십 유형과 교육경영'을 입론立論했다.

리더십 상황이론은 모든 상황에 대하여 한 유형의 리더십에 의존하기보다는 각기 다른 상항에 대하여 각기 다른 리더십 유형을 적용해야 한다고 논지이다. 즉 리더십에 대한 상황이론들은 우리가 바라는 성과를 달성하기 위한 방법으로 오로지 하나만 있는 것이 아니라는 것이다. 상황에 맞는 리더십 유형이 있으며 효과적인 리더라면 상황과 리더십 유형을 적합하게 대응시킨다는 것을 의미한다.

이 장에서 제시되는 상황리더십은 앞서 밝힌 22가지의 리더십 유형을 L=f(l, f, s) 모형에 적합한 유형의 리더십을 선택하는 방법을 예시하는 차원에서 담론한 것이다.

리더의 준비성이 부족하면 혼돈의 역사를 자초한다

K신문2014.12.12. 독자 이봉수는 연산군에 대하여 다음과 같은 의견을 기고했다. 용렬하고 못난 임금일수록 측근을 중시했다는 것이다.

> "선조는 임진왜란 뒤 논공행상을 하면서 문신 86명, 무신 18명을 공신에 봉했는데, 문신 중에도 내시가 24명이었다. 일선에서 목숨을 바쳐 싸운 곽재우 같은 의병장들에게도 공신 벼슬 직위를 내리지 않은 반면 도망치는 자기를 의주까지 모시고 다닌 근신들을 어여삐 여긴 것이다. 연산군이 신하들을 마구 죽여 간언을 하는 이가 없게 됐을 때 목숨을 걸고 극간을 한 이는 내시 김처선이었다. 그는 연산군이 쏜 화살을 맞고 다리가 잘리면서도 쓴소리를 했다."

한편 우리나라의 어느 정부에서 비선정치와 비서정치의 문제로 촛불 정국을 맞이한 적이 있다. 행정부처 위에 비서실이 있고 비서실 위에 비선이 있어 행정 각 부처가 자율성이 배제되어 책임지고 일을 할 수가 없었던 시기였다.

두 기사의 공통점은 용렬하고 사리사욕에 능하며 무능한 리더는 리더십이 없었고 오로지 법 위에 군림하는 군주였다. 국가의 최고 리더에게 부여된 정당한 권위에 의하여 나라를 다스리지 않고 비선과 비서, 친위 정치세력을 등에 업고서 법 위에 군림을 했지만 리더십은 아예 존재하지 않았다.

한 나라의 통수자인 최고의 리더가 정당한 리더십을 저버릴 때 국격의 하락과 국력의 침퇴를 가져오게 될 것이다. 그렇다. 리더가 추종자들의 상황에 적합한 리더십을 펼쳐야 하는데 리더의 준비성이 없거나 부족하면 추종자들의 세계는 논란과 혼돈의 역사로 빠져들게 된다.

상황리더십이란

그렇다면 상황에 상응한 맞춤식 리더십은 없을까? 이에 대한 해답은 상황리더십이며, 이 리더십을 박우순2003은 다음과 같이 밝히고 있다.

상황리더십은 리더십 과정에서 리더가 상황에 알맞은 리더십 유형을 선택하여 적용시킬수록 영향력을 보다 효과적으로 행사할 수 있다. '상황에 알맞게'란 추종자가 특정한 업무를 달성하려는 능력*ability*과 의지*willingness*의 정도를 말하는데, 이를 준비성*readiness*이라 한다. 능력은 특정한 업무 또는 활동의 수행에 동원하는 개인 또는 집단의 지식, 경험 및 기술을 말한다. 의지는 특정한 업무를 달성하기 위하여 보유하고 있는 개인 또는 집단의 자신감, 몰입, 동기 등의 심리적 준비성 정도를 말한다.

　요컨대 상황리더십은 현재의 추종자의 준비 수준에 따라 리더로 하여금 가장 적절한 리더십을 선택할 수 있게 해준다.

상황리더십의 여러 가지

　추종자나 집단의 의지가 없고 심리 상태 및 조직의 안정 정도가 불안정한 경우는 지시형 리더십을 적용한다. 지시형 리더십은 추종자들에게 무엇을, 어디에 그리고 어떻게 하는가를 일방향적으로 기준을 제시하는 유형이다. 그리고 일방향적인 커뮤니케이션이 이루어지고 리더 중심의 의사결정이 이루어지게 된다. 이러한 유형의 리더십을 나타내는 핵심적인 내용으로는 안내, 지시, 구조화 등이 포함되는데, 이 용어들을 음미해 보면 지시형 리더십의 성격을 짐작할 수 있다.

　추종자나 집단이 무능력하지만 의지력이 있거나 자신감을 갖고 있으면 리더는 결정 사항을 부하에게 설명하고 추종자와 집단에게 의견을 제시할 기회를 제공하거나 쌍방향적 커뮤니케이션과 공동 의사결정을 지향하는 경우일 때는 판매형 리더십(설득적 리더십이라고도 함) 유형이 바람직하다. 판매형 리더십이 품고 있는 속성은 설명, 설득, 명료화 등이 있다.

　추종자나 집단이 능력이 있으나 의지가 없고 심리 상태 및 조직의 안정 정도가 불안정한 상태인 경우는 아이디어를 추종자와 집단이 함께 공유하고 의사결정 과정을 촉진하며 부하들과의 인간관계를 중시하고 부하들로 하여금 의사결정에 많이 참여시키는 유형은 참여적 리더십이 바람직하다. 이러한 유형의 리더십을 묘사하는 다른 말로는 협력, 조정, 몰입 등을 들 수 있다.

추종자나 집단이 능력을 가진 동시에 의지가 강하고 자신감을 갖는 경우는 의사결정과 과업수행에 대한 책임을 추종자나 집단에게 위임하여 스스로 자율적 행동과 자기통제 하에 과업을 수행하도록 일임하는 유형은 위임적 리더십이 적합하다. 이 유형의 리더십은 다른 말로는 관찰 또는 감시로 나타낼 수 있다.

이처럼 리더는 추종자의 능력과 의지를 살피고 그 추종자가 속한 집단의 준비성 수준에 따라 적절한 리더십을 선택하여 적용해야 한다는 논지이다.

교사가 선택할 상황리더십

교육경영에서 상황리더십은 어떻게 적용하겠는지 궁리해 본다. 학급경영의 주체인 담임교사는 학생 개개인 또는 학급원의 의지 수준이 낮고 지시를 필요로 하는 상황에 처하여 지시형 리더십이 요하는 경우에는 무엇을, 어디서, 그리고 어떻게 하라고 안내를 많이 제공하는 것이 바람직하다. 학기 초나 학생들이 학급운영의 자치능력이 부족하고 자율적인 학습능력이 미숙한 경우에 이 지시형 리더십을 적용함이 적절하다.

그러나 학생들의 능력과 의지가 갖추어진 경우에는 수행해야 할 사안에 따라 적절한 리더십 유형을 선택적으로 적용함이 바람직하다.

이를테면 현장학습 및 소풍의 장소를 선정하는 경우에 담임교사가 직접 지시하거나 설득하여 결정하는 유형보다는 참여적 리더십이나 위임적 리더십을 적용하여 학생들의 의견을 온전히 반영하는 것이 바람직할 것이다.

학교장이 선택할 상황리더십

학교경영에서 학교장은 적용할 리더십 유형을 선택해야 할 경우에는 우선 조직 구성원의 능력과 의지 정도를 파악하는 일이 우선되어야 한다.

즉 교무분장과 교육시책을 추진할 담당 구성원을 지정할 경우는 해당자의 업무수행 능력과 의지 정도 등의 준비 수준을 고려하는 일이 중요하다. 이어 준비 수준이 고려되면, 리더의 의견을 어느 정도 반영할 것이며, 구성원이 수행과제를 추진할 시 의사결정의 재량 한계는 어느 정도로 가늠해야 하는 등 제반 요건을 구체적으로 판단하여 리더십 유형을 선택해야 한다.

창의성을 발휘해야 하는 과제나 수행 과정상의 난이도가 높은 과제는 아무래도 위임형 리더십을 선택하여 자율성과 책무성을 갖도록 하며, 업무를 수행할 능력도 의지도 없는 구성원에게는 리더가 수행목표 기준을 제시하고 추진 방법 등도 안내하며, 리더 중심의 의사결정이 개입되어야 한다.

리더가 선택한 상황리더십은 군자불기이다

상황리더십 유형에서 중요한 사실은 상황에 따라 리더십 유형을 바꾸어 적용한다는 것인데, 리더가 상황에 적합한 리더십 구사능력이 없다면 효과적일 수 없다.

한편, 상황리더십 유형의 탁월성은 구성원의 준비도 수준이 다르다면 리더는 구성원별로 각각 다른 리더십 유형을 적용할 수 있으며, 똑같은 구성원에 대해서도 상황변화에 따라 다른 유형의 리더십을 적용할 수 있다는 것이다.

상황리더십을 담론하면서 문득 공자의 말이 되새겨진다. "군자는 모름지기 제한된 길만 고수하는 것이 아니라 상황의 변화를 감지하고 움직여서 대응하는 것이 군자의 도리다군자불기 君子不器."라는 사자성어이다.

리더는 한 가지의 특정한 목적에만 사용되는 각종 기물처럼 전문적인 일에 종사하는 사람이 아니다. 리더는 주어진 그릇을 한정된

용도로 사용하지 않고 환경에 효과적으로 대응하면서 그 쓰임새를
확장해 간다.

리더는 상황에 따라 사람을 대하는 방법이 다르며, 세상을 다스리
는 중요한 방향을 제시하고 막힌 구멍을 뚫는 방법을 안내하는 사람
이다.

김성국(2003). 『조직과 인간행동』, 서울: 명경사.

김세기(1977). 『학교-학년-학급경영』, 서울: 배영사.

김일남(2017). 『개성교육』, 서울: 북랩.

김정훈(2002). 『이야기로 풀어 보는 시민의 정부혁신론』, 서울: 도서출판 대영문
　　화사.

김종재 외 2인(2004). 『경영학원론』, 서울: 박영사.

나채훈(2004). 『유비의 리더십』, 서울: 정민미디어.

류시화(1998). 『외눈박이 물고기의 사랑』, 서울: 열림원.

박우순(2003). 『조직관리론』, 서울: 법문사.

박재린·윤대혁(1998). 『인간관계의 이해』, 서울: 무역경영사.

박승희(2015). 『도덕경』, 사람의무늬.

오석홍(2002). 『조직이론』, 서울: 박영사.

윤재풍(1985). 『조직학원론』, 서울: 박영사.

이달곤(2000). 『협상론』, 서울: 법문사.

이돈희 외(1998). 『교육이 변해야 미래가 보인다』, ㈜현대문학.

이명훈(1983). 『리더십론』, 서울: 대왕사.

이성진(1980). 『인간 학습의 원리』, 서울: 교육과학사.

이웅열 역(1978). 『난중일기, 충무공 이순신 장군』, 서울: 경문출판사.

이철희(2003). 『1인자를 만드는 참모』, 서울: 위즈덤하우스.

정주영(1991). 『시련은 있어도 실패는 없다』, 도서출판 제3기획.

조석준(2004). 『한국행정과 조직문화』, 서울: 도서출판대영문화사.

존 맥스웰(2009). 강주현(역), 『리더십 골드』, 다산북스.

존 맥스웰(2010). 홍성화(역), 『리더십 불변의 법칙』, 비즈니스 북스.

줄리엣 나렌버그·아이린 로스(2003). 정성묵(역). 『윈-윈 협상기술』, 서울: 이가서.

* * * * *

권태우(2010). "경청한 만큼 거둔다", 『이코노믹리뷰』, 통권 제496호 2월호.

김성희(2010). "회장님을 내 편으로 만들어라", 『이코노믹리뷰』, 통권 제520호. 7월호.

김성희(2010). "'화이. 부동'형 리더가 되라", 『이코노믹리뷰』, 통권 제518호. 7월호.

이봉수(시민편집인 시각, 이봉수), 2014.12.12. 『박 대통령과 연산군의 같은 점과 다른 점』.

이창환(2011). "과인은 사도세자의 아들, 왕권확립과 개혁은 내 운명", 『주간동아』, NO.770. 1월호.

심상훈(2010). "경영자 혼자만 즐거움 누리지 마라", 『이코노믹리뷰』, 통권 제518호. 7월호.

심상훈(2010). "미리 준비하면 세워지고 준비가 없으면 쓰러진다", 『이코노믹리뷰』, 통권 제 509호. 5월호.

정현청(2011). "살아남고 싶다면 많이 듣고 포용하라", 『이코노믹리뷰』, 통권 547호. 1월호.

준세이(2010). "자기개발, 컬러 리더십, 자신의 강점으로 경쟁하라", 『신완선: up&up 46호 中』.

최은수(2016). "온정적 합리주의 리더십", www.up kdrea.net/숭실대 평생교육
　　학과 교수 겸 숭실대 CR글로벌리더십연구소 소장.

＊＊＊＊＊

광주도시철도공사(2011). "리더(Reader)가 리더(Leader)가 된다", 『광주메트로』,
　　Vol.34 겨울호.

교육타임스편집부(2013). "역사의 위대한 리더십&지성인의 사회참여 리더십",
　　『교육과 사색』, 2, 3월호.

교육부(2016). 『2015 개정 교육과정 총론 해설』, 서울: (사) 한국장애인문화인쇄
　　협회.

교육학사전출판위원회(1984). 『교육학대사전』, 교육출판공사.

국가인권위원회(2004). 『학교인권교육의 이해』, 도서출판아침이슬.

국세청(2013). "삶의 굴레 벗어던진 당찬 여성 김만덕", 『꿈이 있는 세상』, 2013
　　겨울호. 국세청 세정홍보과.

서울대학교행복연구센터(2013). 『For better Lives』, Vol.36April, 행복연구센터.

＊＊＊＊＊

경향신문(임아영 기자), 2014.6.21. 『대통령의 덕목은 권위, 조직력이 아닌 설득
　　력』.

경향신문(강병한 기자), 2014.6.28. 『대통령의 국정 위기 대처리더십』.

경향신문(오피니언, 이봉수), 2014.12.12. 『박대통령과 연산군의 같은 점과 다른
　　점』.

경향신문(여적, 양권모), 2015.1.23. 『깨진 유리창 이론』.

경향신문(오피니언, 이대근), 2015.4.23. 『통치할 자격을 묻다』.

경향신문. 2015.2.4. 『옛글에서 읽는 오늘-좋은 장수 얻기』.

경향신문(여적, 이기환), 2017.1.7. 『정의사회와 문화융성』.

경향신문(기획, 안재원), 2017.1.21. 『설득의 힘, 상대를 미소짓게 할 유머와 기지에서 나온다』.

경향신문(특별기획, 이주영 기자), 2017.7.8. 『명사 70인과의 동행; 서민 교수와 여주 남한강 강천보』.

경향신문(사유와 성찰, 원익선), 2017.5.27. 『종교 같은 정치, 예술 같은 정치; 노자의 도덕경 이야기』.

경향신문(역사와 현실, 백승종), 2020.7.23. 『이익이 들려준 이순신 이야기』.

경향신문(송혁기의 책상물림, 송혁기), 2020.8.26. 『아름다운 신념』.

경향신문(여적餘滴, 박영환 논설위원), 2020.10.9. 『차벽에 갇힌 세종대왕』.

매일경제(신현규 기자 등 9인), 2014.4.29. 『도덕의식. 직업윤리 실종, 보스만 있고 리더는 없다』.

이코노믹리뷰(오하나 기자) 2009. vol.479. 79쪽. 『지독한 리더에게 느끼는 리더에게』.

중앙일보(한자로 보는 세상, 한우덕 기자), 2010.6.2. 『구존동이』.

한겨레(책과 생각, 박석무). 2014.4.28. 『난세일수록 다산의 '공렴'정신이 더 절실』.

한국교육신문(역사 속의 말말말, 김규회), 2015.4.20. 『아직도 신에게는 열두 척의 전함이 있습니다』.

한국일보(신혜정 기자), 2018.2.7. 『직업능력배발원 보고서: 학력별 역량수준과 고용률 간 관계』.

한국일보(오피니언, 김원중). 2017.7.11. 『서두르지 말고 기본에 충실해야』.

한국일보(오피니언, 이왕구). 2017.1.27. 『책 읽는 대통령을 보고 싶다』.

한국일보(오피니언, 천종호). 2017.7.21. 『정의正義; justice의 권능權能』.

한국일보(오피니언, 배철현). 2016.10.14. 『원칙原則』.

한국일보(#끌림, 변태섭 기자), 2017.7.1. 『글로벌 Biz 리다: 학업, 취업, 창업서 고배의 눈물… 'IT 신화' 자양분이 되다』.